コンテンツがブランドを創る

文化のコミュニケーションが生む可能性

山川 悟・新井範子

同文舘出版

はじめに

本書は、コンテンツを活用したマーケティングの可能性について考察したものである。

筆者と共著者である新井は、コンテンツそのもののマーケティング戦略をテーマとした『コンテンツマーケティング』（同文舘出版、二〇〇四年、福田敏彦との共著）を既に刊行しているが、ここではそれの裏返し、すなわち「コンテンツを通常のマーケティング活動にどう採り入れるか」をテーマとした。

前著を刊行した時点ではまだ「コンテンツ」という言葉は一般的に馴染みが薄く、「目次」や「内容」といった意味で捉えられることも少なくなかった。しかしその後、国内外でいわゆる「クールジャパン」ムーブメントが生じるのと並行し、コンテンツが日本の文化や産業を支える存在として、俄然注目を集めるようになったのはご承知のとおりである。

さて、コンテンツが高い経済効果を持つということは、裏を返せばコンテンツを活用したマーケティングにも高い効果がある、という理屈になる。近年、デジタル化やネット社会の進展も相まって、企業や自治体などの組織においても、独自のコンテンツを保有すべきだといった認識も高まってきた。「ショートフィルム」や「ゆるキャラ」は、その典型例である。

ただしコンテンツとはいっても、映画やアニメ、ＰＲ誌を制作したり、アート展やスポーツイベントを開催したりといった方法論がすべてではあるまい。歌や踊りでもいいわけだし、ゲームでも構わない。社員が描いたマンガをＤＭに掲載したら、商品へのファンが増えた、という例もある。社歌や社長の訓話だって、立派なコンテンツだ。「ロボット」や「盆栽」、さらには「ウチの社長」までもがコンテンツだ、と言われると微妙だが、既存の表現ジャンルに縛られる必要などどこにもない。

ここであえて「コンテンツ」という言葉に定義めいたものを与えるのであれば、「顧客に楽しみを与えるために制作された知的創作物」ということになろう。しかし、よくよく考えてみてほしい。企業は日々、顧客に楽しんでもらうための知的創造的な活動を、ちゃんと行っているはずなのである。それらを、たまたま「マーケティング」や「ブランディング」と呼んでいるだけの話だ。

したがって、企業が制作し、保有するコンテンツは、商品や日常のマーケティング活動の延長上に位置する存在であるべきだ。企業がこれまで多大な知的エネルギーを注ぎ込んできた「ブランド」そのものが「コンテンツ」として昇華し、顧客に受容されていくような状況を目指すこと――つまり、ブランドの世界観が娯楽性や物語性を帯びていくこと、を目指すべきである。なぜなら、それこそがマーケティングの最終的な地平であるからだ。

本書は、経験価値を生み出すマーケティング・コミュニケーションの事例集として読んでいただいてもよいし、新たな広告効果論と捉えていただいても構わない。いわゆるブランデッド・エンタテインメントのケースを中心に採り上げているが、決してその範疇の議論にとどまることなく、多様な知見を動員しながら思索域の拡大に努めたつもりである。第1～4章と第6章を山川が、第5章を新井が担当した。ブランディングや広告宣伝の実務担当者に限らず、顧客とのコミュニケーションに関わるビジネスマンの方、自治体やＮＰＯに携わる方にも、広く読んでいただければ幸いである。

山川　悟

コンテンツがブランドを創る◉目次

第3章 「フリー」商品としてのコンテンツ

第4章　ブランドコンテンツの効果仮説

第5章　物語化との関係性

第6章　ブランドの世界観のつくり方

コンテンツがブランドを創る

第1章　コンテンツがビジネスを駆動させる

進展するコンテンツ経済

映画、ドラマ、マンガ、音楽、ゲームなどのコンテンツが、今後のわが国の基幹産業になるといった議論がある。国内におけるコンテンツの総市場はここ数年、一四兆円前後で推移しているものの、その社会的・経済的な影響力の大きさや、海外展開、デジタル化などの展開を睨んで、各分野から大きな期待が寄せられている。

特に、日本製マンガやアニメは海外でも強い反響を呼んでおり、「マンガ」「コミケ」だけでなく、「カワイイ」「コスプレ」「ビジュアルケイ」といった日本語が、国際語として流通しつつある。海外におけるポップカルチャー紹介イベントも極めて好評であるとともに、アニメゆかりの地への「聖地巡礼」が日本への観光目的となるなど、国際交流にもマンガやアニメが大きく貢献し始めている。

筆者も立場上、留学生の入学試験の面接を担当することがある。彼ら（多くは中国人）に日本留学のきっかけを聞くと、十人中七、八名までもが「テレビアニメ」と答えるご時世となった。いまや海外の若者たちにとって日本は、トヨタやソニーの国ではなく、『ナルト』や『ヱヴァ』、『ちびまる子ちゃん』の国なのである。

こうした、海外発の「クールジャパン」ムーブメントは、ここ二〇年余り沈滞し続けた日本経済に、一筋の光明を投げかけた。これまでサブカルチャーの一部とみなし、まともな扱いすらしてこなかったコンテンツ産業を、国が重要な輸出産業として戦略的に位置づけ始めたのである。自民党の小泉政権が「知的財産戦略会議」を立ち上げたのは二〇〇二年。途中、「アニメの殿堂」(国立メディア芸術総合センター)を建てる建てないの勇み足や、事業仕分けによる予算削減などはあったものの、その基本方針は今日でも引き継がれている。官民共同ファンドの立ち上げ、海外へのソフト流通や配信事業の支援、人材育成など、国家によるコンテンツ振興策が軒並み推進されている(相変わらずの省庁縦割という批判もあるが)。経済産業省のビジョンでは、二〇二〇年までに、コンテンツ産業の市場規模を二〇兆円にまで拡大するということだ。

コンテンツは国家のブランドイメージを良好にし、さらには国家を代表する企業ブランドの販売にも影響をもたらす。海外向けに「韓流」キャンペーンを仕掛け、映画やドラマの放映と連動させながら自国製品のブランディングにつなげていった韓国などは、その典型的な成功例である。したがってコンテンツ産業は、ターゲット市場の「心の地慣らし」を果す、新たなタイプのリーディング産業という期待も持たれている。

海外への輸出とともに、コンテンツ産業に新たな希望をもたらしているのは、デジタル化の動きである。光ファイバーやADSLなどのブロードバンドは各家庭にも普及し、二〇〇九年に利用可能世帯率は九〇%台に達した。一方、二〇〇三年一二月にテレビ放送地上波のデジタル化がスタートし、二〇一〇年時点で地デジ対応受信機の世帯普及率は九割を超えた。また、国内の携帯電話世帯普及率は九二・四%（二〇一〇年）であり、ここにデジタル音楽プレイヤーや電子書籍、ゲーム機器なども加わって、パーソナルレベルでのデジタル化の勢いも止まらない。

ただしこれらの「インフラストラクチャー」「デバイス」は、デジタル社会の真の主役ではない。「コンテンツ」という〝中身〟があって初めて、デジタル化の真骨頂が生じるのだ。ニューズ・コーポレーションのルパート・マードック会長は「デジタルの世界において、コンテンツは単なる王様ではない。皇帝である」と述べた。

しかし同時にデジタル化は、第三者によるコンテンツの複製や流通コストを、ほぼ無料化していく流れも形成してしまう。デジタル化によって、第三者が違法コピーや海賊版をいとも簡単に複製できることから、既存メディア産業の中には、自らのビジネスモデルの瓦解にも繋がるといった危機感を抱く保守派も多い。それに対し、ネット情報の有料化や、著作権をタテにとった対応だけでは、もはや限界が目に見えている。著作権保護のために多大な技術投資をしたところで、あっという間に無効化されるいたちごっこ的な状況もみられる。したがって、コンテンツはひたすら無料化の方向に靡きながら、それでもそこから収益を生み出していくような発想転換が求められている時代ともいえる。そうした中で、「ニコニコ動画」や、日本テレビの動画配信サイトなどが黒字化を達成するなど、デジタル社会の流儀に沿った、新たなコンテンツ産業のアウトラインが見えてきた観もある。

一方コンテンツホルダー側も、手をこまねいているだけではない。例えば広告収入が激減している民放テレビ局では、局主催のイベント開催や番組関連グッズの販売に加え、映画製作への参入、DVD販売、アーカイブ化、フォーマットセールス（番組企画そのものの海外輸出）など、放送外事業に本格的に目を向けつつある。さらにはコンビニエンスストアとタイアップして、番組内容と連動した商品開発を実施するといった新機軸も生まれてきた。要は有力なコンテンツを保有していれば、本業以外の領域でも収益を生み出すことができる、ということを示唆する事例といえる。

これまでの日本企業は、高い技術力に基づいた製品の品質や、コストダウン努力による価格の安さによって、その国際的ポジションを確立してきた。その合言葉として復唱されてきたのが「ものづくり」である。しかし近年ではアジア諸国の台頭もあり、もはや低コスト・高品質の「ものづくり」だけでは勝負の出来ない時代が訪れている。日本はこのあたりで、〝創造性〟を軸とする新しい経済の形に脱皮すべきだ、という指摘も多い。

例えば、先に触れたテレビ局の「フォーマットセールス」とは、バラエティ番組の企画構成案（番組のコンセプト、タイトル、進行の仕組み、音楽、ゲームのルール等）そのものを海外のテレビ局に輸出し、制作費の数%をフォーマット料として受け取るというビジネスモデルである。すでに『料理の鉄人』や『あいのり』などで実績を挙げているフジテレビでは、「アポロ計画」と称し、海外販売を本格的に強化していく方針を打ち出している。完成された「作品」のみならず、アイデアや企画自体が売り物になってきつつあるのだ。

経済産業省は、日本のクリエイティブ産業の活性化に向け、省内の組織を再編成するとともに、「食品」「ファッション」「コンテンツ」の分野の輸出額を、二〇二〇年までに一三兆円まで伸張させるビジョンを掲げている。このうち「食品」や「ファッション」は「もの」であるが、いずれもクールな文化的付加価値が加味されているという意味で、クリエイティブな産業とみなすことができる、という理屈だ。

今日の消費者は、商品の品質や価格以上に、デザインやテイスト、あるいは商品の「世界観」といったものに価値を見出すようになってきた。モノを買うのではなく、商品に付随する物語を買う、という志向である。鈴木敏文・セブン&アイ・ホールディングスCEOは「顧客はおにぎりという商品そのものを買うのではなくて、そこにどんな意味が込められているか、事柄とか物語に共感すれば買っていくのです」と述べる。[1] これまでコンテンツに対して抱いていた評価基準が、一般の商品にまで拡張しているように映る。

こうして創造性や文化、あるいは物語といった存在が、経済の最前線に押し出されつつある時代に、コンテンツ産業の存在意義は、さらに大きなものになってくるであろう。それは、コンテンツとタイアップする企業の幅が広がるとか、コンテンツが経済的に大きな波及効果を持つというだけの話に限らない。例えば、商品を〝プロデュースする〟という流儀、ファンやアマチュアとの独特の距離感、ヒット作品のシリーズ化、商品開発者という「作者」の存在感、二次利用を前提に「後から儲ける」ビジネスモデルなど、これまでコンテンツビジネスの特異性とみなされていたスタイルが、他の産業に水平展開されていく可能性がある、という点にも配慮すべきなのだ（図表1-1）。

さらにこうした経済全般の質的変貌は、同時にコンテンツ産業自らの変貌も、要請していくことになろう。例えば音楽業界の中には、企業タイアップ専門の「法人営業」を本格展開していこうとする企業も現われてきている。コンテンツによって経済の体質が変わる、あるいは変えることが、日本再浮上のカギとなってきているのだ。

◉図表1-1　コンテンツ産業のビジネススタイルが波及する◉

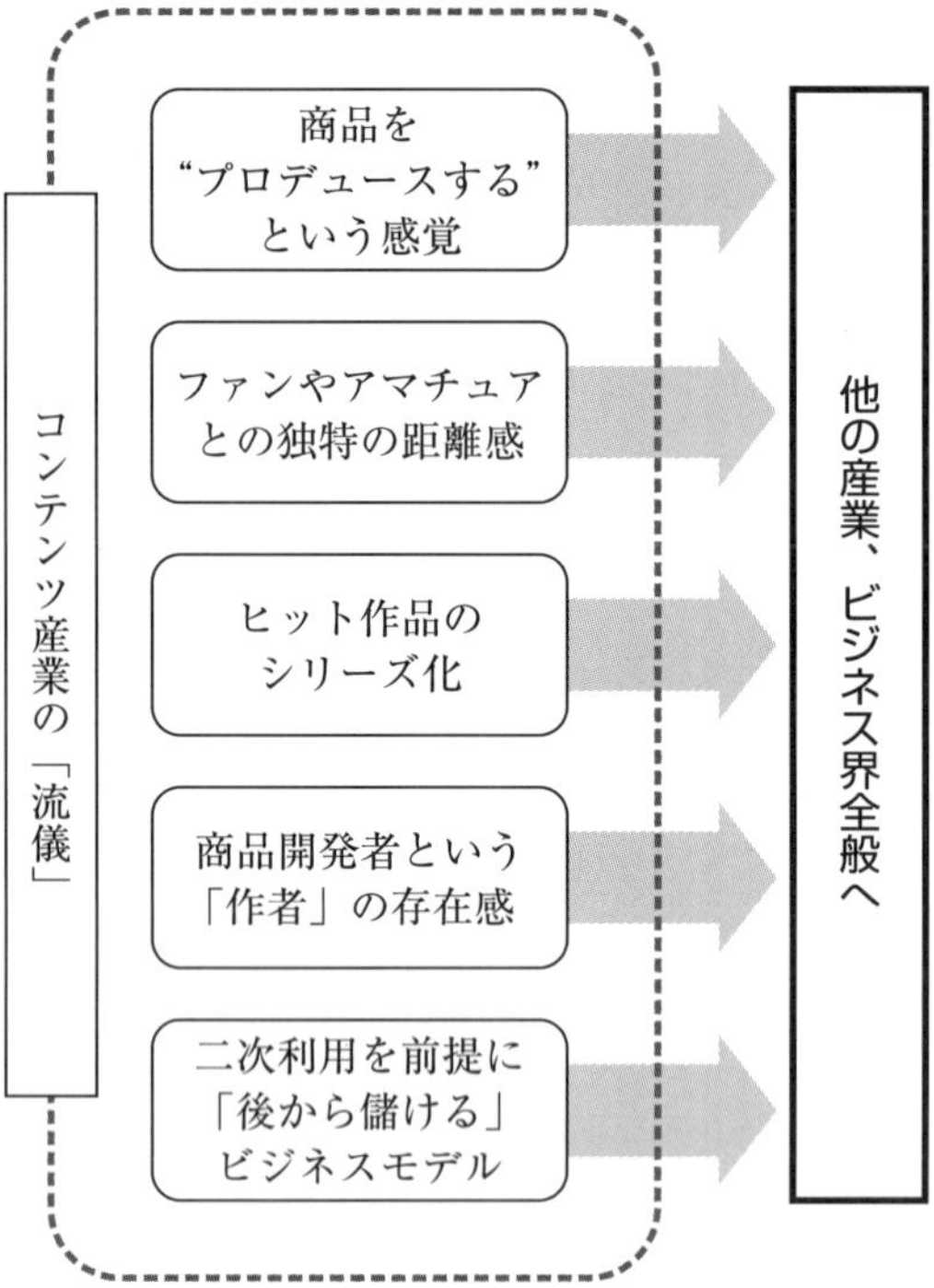

コンテンツがマーケティングを牽引する

こうした流れと並行して、コンテンツを活用した商品開発、広告宣伝、販売促進、さらには地域起しなどが今日、盛んに試みられている。

コンテンツ産業側から見れば、企業とのタイアップは、製作費や広告宣伝費の負担軽減にも直結する策として歓迎される向きもある。コンテンツビジネスは一般に、プロパティ（権利）のライセンシングなどで潤う構造を持つため、二次市場の開拓は、非常に重要な課題である。特に、広告収入減が深刻化するメディア産業においては、これまでの広告スペース販売から、自社コンテンツの活用による新たな収入源確保策が求められている。こうした時代背景の中で、いわゆるタイアップ型のコンテンツマーケティングが隆盛を極めているのである。

一方、コンテンツを活用する企業や自治体側からすれば、人気の高いキャラクターなどを使用することで、ブランドへの親近感や認知度が高まる、話題性、パブリシティ性が高まる、作品のファン層を取り込める、といった効果を見込んでいるようだ。

ただ、ある意味でこうしたタイアップは、きわめて古典的な戦術にすぎない。わが国においては、近代以前からいくつものタイアップ・プロモーションが存在してきている。例えば、江戸時代の歌舞伎や落語の中には、当時の商品や店舗名を意図的に表示した作品も多い。戦後も、テレビアニメなどを活用したキャラクターマーチャンダイジングは、特に子供向け商品において盛んに行われてきた。

但し今日、タイアップによる瞬間風速的な販売促進狙いではなく、ブランドを中長期的に育成するためのコンテンツ活用という姿勢が現れてきているのも見逃せない現象である。むろん、映画やドラマ、人気アニメなどを巧妙に活用すれば、ブランディングが図れないというわけではない。ただしそこには、自ずと限界もある。最大のネックは、著作権による経済的負担や利用制限であろう。そこで近年では、企業側がブランドを基点とした独自のコンテンツを開発し、顧客とのコミュニケーションを豊かなものにしていこうとする志向が高まってきた。

その代表例として、ブランド固有のキャラクター開発や、オウンド・エンタテインメントと呼ばれるショートフィルムの制作、物語調のシリーズ広告展開などが挙げられる。特に、メディア環境が大きな変化を遂げつつある昨今、企業独自のコンテンツを核としたブランディングが大きな意味合いを持ちつつある。マス広告は誘引手段と割り切り、ウェブサイトでブランドメッセージを込めたコンテンツに接触してもらう、といったクロスメディアマーケティングもすっかり定着した観がある。さらには、消費者のコンテンツ創作を誘発し、そのやりとりそのものをブランド・コミュニケーションと位置づけるようなパターンも登場してきている。

ブランド体験とはこれまで、商品やサービスの利用、店舗や社員との接触によって生じるものと考えられてきた。ここに、ブランドの世界を表現したコンテンツを楽しむ経験が加味されることで、それはさらに豊かでワクワクする性格を帯びたものへと発展していくはずである。

こうしたブランディングを目的としたコンテンツは、ブランデッド・エンタテインメント（branded entertainment）、ないしブランデッド・コンテント（branded content）などと呼ばれている。ただ、いずれにせよ、きっちりとした定義や範囲の規定があるわけではない。それは、この分野がそもそも漠然としていてカテゴライズが困難なこと、さらには日々、新たな手法や事例が登場していることの証でもある。

ここではこれらを総称し、「ブランドコンテンツ」(あくまで本書内で使用する、便宜的な和製英語であるが)という言葉で捉えてみたい。次章ではまず、どのようなブランドコンテンツのパターンが発生しているのか、その事例を見てみよう。

【注】

(1)『サービスの花道』VOL.3、講談社、二〇〇六年。

第2章　ブランディングにおけるコンテンツ活用の諸類型

キャラクター活用型

❶既存キャラクターの活用

　キャラクターを使用するマーケティング手法は一種の常套手段であり、いまや代表的な事例を指摘するのすら難しい状況にある。キャラクターには、注目度や好感度を上げるとともに、企業やブランドの敷居を下げる、コミュニケーションの柔軟剤としての役割を担わされることが多い（図表2‐1）。本来であればタレントや専門家など、実在する人物もキャラクターと呼んで然るべきなのだが、近年では「ゆるキャラ」ブームも手伝ってか、イラストで描かれたマンガ調のマスコット・キャラクターの起用が目立ってきている。

　ある意味で、使い古された観もあるキャラクター戦術だが、相変わらずその効果は廃れていないようである。ここでは、缶コーヒーのマーケティングの事例をいくつか追ってみたい。

　ＵＣＣ上島珈琲では『ヱヴァンゲリヲン新劇場版：序』が公開された二〇〇七年に、同作品のキャラクターをＵＣＣミルクコーヒーのパッケージにあしらった「ヱヴァンゲリヲン缶」を販売、これが大きな反響を獲得した。二〇〇九年五月にも映画公開と連携し、「UCCヱヴァンゲリヲン缶 二〇〇九年度バージョン」を売り出したところ、六〇〇万本を販売した。ポスターがもらえるとか、抽選でTシャツが当たるとかいった、仕組みとしてはシンプルなプロモーションではあったが、店によっては仕入れた商品数千本が完売するなど、強い販促効果を示した。同社では二〇一〇年、二〇一一年と、引き続きタイアップ・プロモーションを継続している。

一方、ポッカコーポレーションでは二〇〇八年、「ポッカコーヒー」のパッケージキャラクターとして、『こちら葛飾区亀有公園前派出所』を使ったところ、対前年比二〇％アップの販売量を記録した。翌年には『キン肉マン』に登場する四〇種類のキャラクターを使用、数本に一本の割合でキャラクターのフィギュアを景品とするキャンペーンを実施した。同社では二〇一〇年に『北斗の拳』の名セリ

◉図表2-1 キャラクターの役割◉

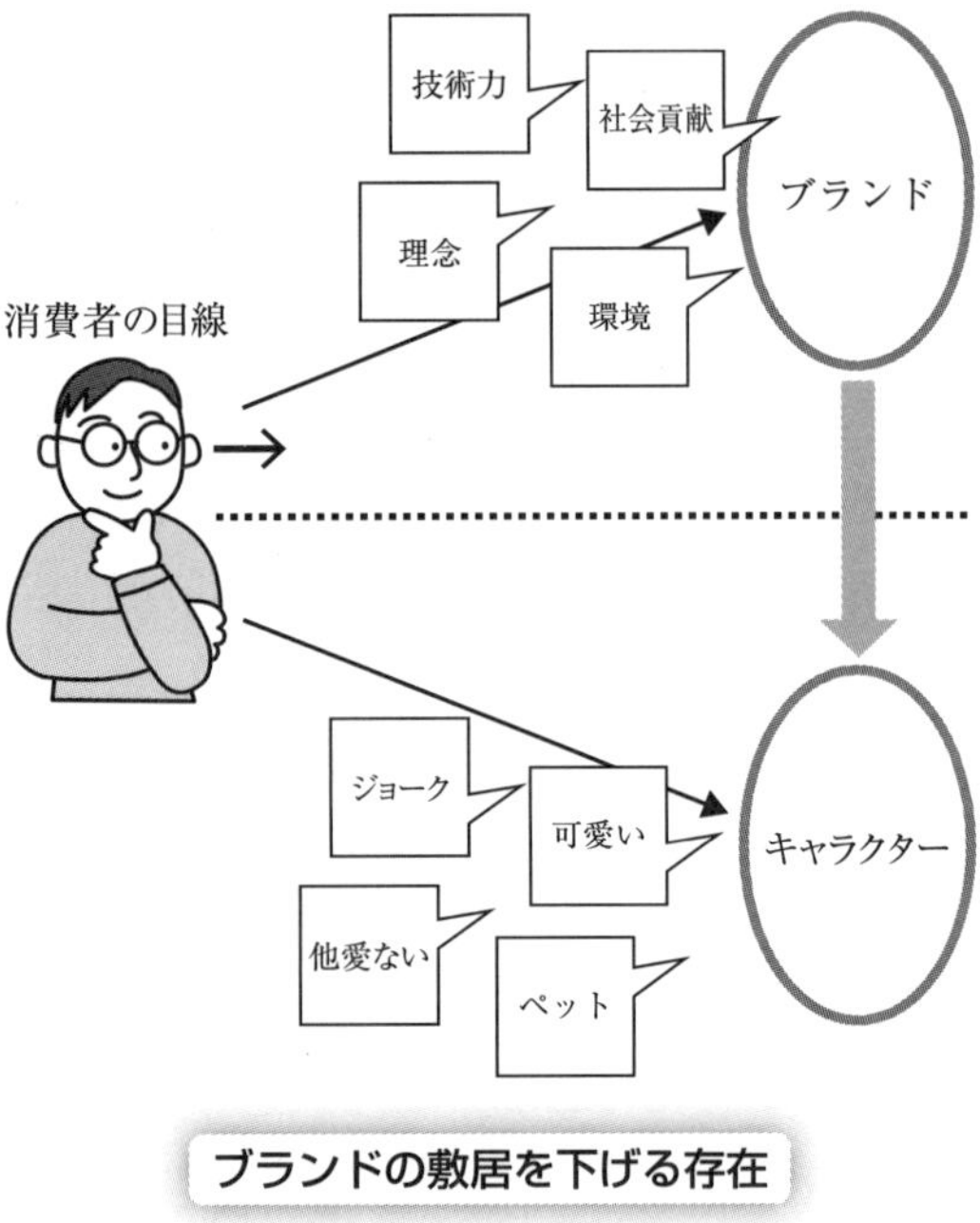

フ入りキャラクター缶コーヒーや、『涼宮ハルヒシリーズ』に登場するキャラクターを用いた「長門有希の珈琲」などを、続けざまに発売している。

ＪＴの缶コーヒー「ルーツ」では二〇〇八年五月、「週刊少年ジャンプ」の創刊四〇周年を記念し、駅貼りポスターに『ドラゴンボール』、『Ｄｒ．スランプ』、『リングにかけろ』、『キャプテン翼』といった歴代の人気キャラクターを起用したキャンペーンを実施した。また、二〇一〇年秋にも「ルーツ一本、マンガ一話」と称し、商品についているシリアル番号を入力すると、ジャンプマンガ一〇〇作品の中から一話を、無料で携帯電話にダウンロードできる販促業をとっている。

缶コーヒーのように関与性が低い商品ジャンルや、ロングセラーブランドの活性化という状況下において、ターゲット層が支持するキャラクターの広告・販促活用は、ある意味で〝王道〟ともいえる。かつては、文房具や運動靴など子供向けの定番戦術であったキャラクター商品も、最近ではその対象領域を大きく広げつつある。

人気マンガ『ワンピース』関連グッズの売上は、二〇一〇年度で推定五〇〇億円と言われている。近年の売上上昇の主要部分を、『ワンピース』五〇の名シーンが描かれたユニクロのＴシャツや、ネット先行予約だけで七万本を売り上げたＪ！ＮＳ（ジンズ）の眼鏡などが占めている。これらの商品の主要購買者層は、ハイティーンから三〇代にかけての若者層である。また、少年マンガというカテゴリーでありながら、女性ファン層もしっかりと掴まえている点も強みだ。

今日、人気の高いキャラクターにおいては、コンテンツホルダー側が主導となった商品開発も展開され始めている。その代表例として、サンリオが保有するキャラクター「ハローキティ」が挙げられる。一九八〇年代には、デジタル腕時計やテレビなどのキティ仕様が登場して話題になったものだが、いまや、ノートPC、ゴルフボール、ワイン、プラチナ製フィギュア、温浴施設、はとバスなど、その適用領域は限りなく拡大しつつある。三菱自動車がハローキティ特別仕様車「プリンセス・キティ・アイ」を限定販売した例（二〇〇六年）なども、そのひとつである。すでに世界約七〇カ国、年間五万アイテムが販売されており、二〇一四年には中国でハローキティのテーマパーク開設も予定されている。

しかしそのハローキティも、一時人気に陰りが出たことがあった。その際に担当デザイナーの山口裕子氏が採ったのは、キティの身長や体重、好きな食べもの、兄弟や友だち……といった属性情報をファンに提供し、キティへの思い入れ度を強化する策であった[1]。つまりハローキティを、単なる可愛い絵柄、グラフィックデザインではなく、背景にストーリーが伴う、深みあるキャラクターに仕立てていったわけだ。キャラクターの「顔」「形」「デザイン」から、「設定」「物語」「エピソード」などに、消費者の興味・関心が移行しつつあるという証拠であろう（なお著作権法上、キャラクターは著作物としては認められないという判断もあることから、ストーリー化することで著作物としての権利を発生させ、保護の体制強化を図ろうという狙いも垣間見られる）。

キャラクター・データバンク社の調査によると、キャラクターの国内市場規模は一九九九年の二兆円をピークに微減傾向が続いており、二〇一〇年は一兆六、一七〇億円であった。少子化の影響もさることながら、マスメディアを通じて、インパクトの強い新キャラクターが生まれにくい構造になってきている点も無視できない。

ライセンシー側が、短期間でメディアから消え去ってしまうアニメ・キャラクターの起用は回避したいという判断をするのは当然と思えるが、一方でロングレンジのメジャーなキャラクターにしても、露出過多による飽和感を意識しなければならないジレンマがある。

❷オリジナルキャラクターの策定

さて、以上見てきたキャラクター活用のプロモーションは、どうしても一過性の販売効果にとどまりがちである。また、ハローキティでみてきたように、人気キャラクターにおいてはコンテンツホルダー側主導でビジネスが展開されるケースが多く、権利を借りる側、つまりライセンシー企業のブランドポリシーが十分組みこめない、といった不満も顕在化してきている。

特に、自社商品のブランディングを志向する場合は、中長期的なマネジメント視点が求められる。そこでいささか迂回するようではあっても、企業が独自でブランドキャラクターを開発し、長い目で育成していこうとする傾向もみられる。

「ガリガリ君（赤城乳業）」、「暴君ハバネロ（東ハト）」、「ぴちょんくん（ダイキン工業）」などは、キャラクターの背景にストーリー性を持たせ、ブランド固有の世界観をつくりあげることに成功した事例であろう。これらの中には、オリジナルキャラクターを軸にしたライン拡張（同ジャンルでのシリーズ商品化）やブランド拡張（異ジャンルへの商品化）、他社へのライセンシングなどに発展したケースもみられる。

ダイキン工業の「ぴちょんくん」は、民生用ルームエアコン「うるるとさらら」の販促用に登場したオリジナルキャラクターである。ぴちょんくんは「湿気／うるおい」を具象化したもので、「身長一五㎝」「頭の形が宇宙人に似ているので間違われる」「マイペースでなかなか言うことを聞いてくれないのでコントロールが大変」といったユニークな背景設定がなされている。テレビCM（二〇〇〇年）での評判となったのをきっかけに、CMソングの発売や絵本・英会話本の刊行、キャンペーングッズ化、キャラクターのウェブサイト開設、さらには巨大ぴちょんくんの弘前ねぶた祭りへの参加など、さまざまなメディア露出が果たされた。また、玩具メーカーからキャラクター商品が発売されたり、ワコールの肌着のキャラクターにも起用されたりするなど、他社へのライセンシングを行った事例としても知られている。文具、人形、クレーンゲーム景品、浴衣、風鈴、エプロンなど、そのライセンシング対象は幅広い。二〇〇九年には販促用車両「ぴちょんくん号」を全国行脚させ、広告宣伝費を絞り込んでもPR効果を上げる策にも貢献した。自社で育てたキャラクターが利益を生んだ、稀有なケースである。

「ぴちょんくん」

（提供：ダイキン工業）

もっとも、こうしたブランド独自のキャラクター設定は、子供向け商品においてはそれほど珍しい手法ではない。ケンタッキー・フライド・チキンのカーネル・サンダース、不二家のペコちゃん、明治製菓「カール」のカールおじさん、森永製菓「チョコボール」のキョロちゃんなど、数十年の歴史を持つものも多い。また、ヤマト運輸の宅急便「クロネコ」をきっかけとし、競うようにキャラクターを設定していった宅配便業界など、業界全体がキャラクターで差別化を志向したケースもある。

キャラクターは今日、企業や商品だけでなく、自治体や警察、大学などの組織、イベントやテレビ番組、店舗といった単位での設定も行われ、その利用主体は大きく広がっている。中でも「ゆるキャラ」と呼ばれる、独自の雰囲気を持ったオリジナルキャラクターを設定するケースが目立つ。平城遷都一三〇〇年祭に向けて、記念事業協会が公式マスコット・キャラクターに「せんとくん」を設定したところ、奈良在住のクリエーターたちが、独自に対抗キャラクター「まんとくん」を選び出すといった〝事件〟も発生するなど、このゆるキャラを巡る話題も絶えることがない。彦根城築城四〇〇年を機に、滋賀県彦根市が設定した「ひこにゃん」もまた、地域ブランドの形成につながったケースとして知られている。ひこにゃんは、地元の伝統工芸や特産品・土産品などを中心に、二八〇社一、〇三八件（二〇一〇年三月まで）に無償ライセンシングされ、二〇〇九年一年間で推定八億円のひこにゃんグッズが販売された。キャラクターの無償許可制という新たな地域活性化モデルとして、全国的に注目を集めた事例である。

寺院や神社がキャラクターを設定した例もある。日蓮宗「松栄山・了法寺」（東京都八王子市）では、誰でも気軽に入れる雰囲気作りのために、いわゆる〝萌えキャラ〟を開発してしまった。弁財天をモチーフにした「とろ弁天」という美少女キャラクターを寺の看板に活用し、連動したイベントの開催や、携帯サイトの開設、さらにはお経を聞くことのできる二次元コード付きカードも販売するなど、キャラクターを活用したさまざまな展開を試みている。これ以外にも寺社や霊場が独自のキャラクターを開発している例としては、「あしかがひめたま」（栃木県・足利織姫神社）、「かけるくん／めぐるくん」（滋賀県・琵琶湖百八霊場会）、「トライくん／ミライちゃん／ナビにゃん」（埼玉県・高麗神社）などがある。昨今の「仏像ブーム」においては、仏像を一種のキャラクター的なアイコンとして眺めているような節もあることから、寺社が親しみやすさを訴求するのは、時代精神にマッチした施策と言えるのかもしれない。

既存キャラクターの活用は、その話題性や注目率を活用して、瞬間風速的な売り上げを狙うケースが多い。一方、中長期的なイメージ形成を志向する際は、ブランド独自のキャラクター策定が向いている。したがって、プロモーションの目的にあわせてキャラクターを使い分ける企業もある。例えば日本マクドナルドでは、ブランドキャラクターとして「ロナルド（ドナルド）」などのオリジナルのマスコットを踏襲するかたわら、「ポケットモンスター」やディズニーキャラクターなどを店頭販促用に、テレビタレントをCM用に起用するといった、キャラクターの役割分担を行っている。

オリジナルキャラクターは、ブランドとキャラクターの世界観のマッチングができることから、ブランドイメージやカテゴリーイメージを損ねることなく、販売促進への展開も可能である。また、露出度をコントロールできるため、飽きられたり、時流に流されたりするというリスクを事前に回避できる。さらには、修正・変更・発展などが可能であり、商標や意匠としての保護のもとで、二次利用やライセンシングの可能性も秘めている。開発への時間やコスト、キャラクターそのものへの認知拡大策の必要性などには留意しなければならないが、一度定着すれば、企業にとっては大きな資産のひとつになる（図表2-2）。

なお最近では、ハイテク企業が自社で開発したロボットを、企業イメージ形成上の「キャラクター」として位置づける例も現われている。本田技研工業のＡＳＩＭＯ、ＮＥＣの「ＰａＰｅＲｏ」、村田製作所の「ムラタセイサクくん」、安川電機の「やすかわくん」などである。これらは、技術力や事業ビジョンを訴求しながら、社会との距離の短縮やリクルート効果アップに貢献する可能性も強い。コンサルタントの川口盛之助によると、これは「ある種、能天気

◉図表2-2　タイアップ型キャラクターとオリジナルキャラクター◉

	メリット	デメリット
タイアップ型キャラクター ↓ アイキャッチャー型	◦認知度・好感度・ファン層があらかじめ存在する ◦ターゲット層や支持率が計算できる	◦露出過多などにより、飽きられる可能性がある ◦独占的な使用は難しい ◦ライセンスコストがかかる ◦利用に関して制限がある
オリジナルキャラクター ↓ ブランドシンボル型	◦ブランドの世界観とマッチした表現が可能で、強い意味伝達力を発揮する ◦修正、変更、発展、露出制限など、コントロールが容易 ◦商品化権の保有による二次使用、ライセンシングの可能性	◦キャラクターそのものへの認知拡大策が不可欠 ◦開発時間やコストがかかる

な道楽の産物」（褒め言葉）によるものだという。[2] 〝擬人化大国〟日本ならではの展開ともいえようか。

また、企業キャラクターにツイッターアカウントを持たせ、顧客とのインタラクションを活性化しようとする試みも生まれてきた。ローソンの「ローソンクルーあきこちゃん」やダンロップホームプロダクツの「ゴムちゃん」などがその代表例である。このような、マス広告に依存しないキャラクターのあり方も模索されている段階にある。

●映像・画像活用型

❶タイアップ型

コンテンツ活用のマーケティングとしては極めて一般的で古典的な手法が、タイアップ・プロモーションであろう。例えば映画においては、タイアップ商品の景品として「映画チケット」「試写会招待」などを提供する代わりに、商品広告スペースの半分を作品紹介としてもらうような、バーター形式のプロモーションも多い。コンテンツのオーディエンス層と、商品のターゲットとが重なる場合や、作品の主役とCM起用タレントとが同一の場合などは、相乗効果も見込まれよう。

ファストフードや外食産業などにおいては、盛んにこうしたタイアップが行われている。近年、コンビニエンスストア各社が、アニメや映画、スポーツ団体などと提携したタイアップ販促、及びオリジナル商品を販売するケースが目立ってきている。「今話題の」「旬の」コンテンツとタイアップすることで、客の来店頻度を高めようというのが、基本的な狙いである。例えばファミリーマートでは、『劇場版マクロスF　虚空歌姫』の公開とタイアップしたコラボ商品群を販売した（二〇〇九年）が、その際、同社のロゴマークをイメージした白・緑・青のロボットフィギュアをネットサイトで販売するなど、ブランディングにも繋げようとした。

テレビCMにおいても、番組内容そのものとタイアップしながら、広告効果を高めようとする方法が模索されている。

ドラマや映画等と同じ設定で撮影したり、フィルムの一部を活用して広告にしたりする「本編連動広告」が、このところ頻繁に制作されている。日本テレビ『東京ワンダーホテル』や読売テレビ『37℃』、TBS『三日遅れのハッピーニューイヤー』、関西テレビ『牛に願いを』といったドラマは、本編と同じセット、同じ登場人物でCMを作成しただけでなく、ドラマの中にスポンサー商品を登場させるプロダクト・プレースメントを絡めたりするなど、ストーリーと広告が連動する形式を採った例である。

こうした本編連動型の広告が続出する背景には、録画視聴～CM飛ばしという視聴形態（特にドラマやバラエティ番組）がある。CMそのものを魅力的なコンテンツに仕上げることで、スキップされないようにするのが、これらの狙いである。CMが番組風となり、番組の中にも広告的な要素が高まってくるのも時代の流れといえようか。加えて、こうした傾向はドラマに限らず、バラエティ番組やアニメ番組などにも拡張してきている。

一方、映画・ドラマの設定や登場人物をそのままCMに使用し、あたかもそれらの一シーンで商品が使用されているかのような表現効果を獲得しようとする手法もある。

『木更津キャッツアイ』の一シーンを、資生堂の男性用化粧品・UNOのCMに活用したケース、リクルートの就職雑誌「ビーイング」のテレビCMで、『仮面ライダー』に登場するショッカー戦闘員が走るシーンを流し「この仕事は、オレを輝かせているんだろうか」というキャッチフレーズで「転職」を意識させようとしたケース、オードリー・ヘップバーン主演映画の有名な一シーンを抽出し、テレビCMにしたキリンビバレッジ「午後の紅茶」、「トヨタ自動車」などのケースもある。

健栄製薬「手ピカジェル」の広告キャンペーンにおいて、映画『感染列島』の映像を巧みに活用した事例も紹介しておこう。映画の封切りと連動し、インフルエンザが流行する二〇〇八年一二月に映画内容と連動した広告キャンペーンを実施したところ、「手ピカジェル」の売上や、ブランドサイトの訪問者が二倍以上になったという。

単に「目立つ」「話題性」といったレベルにとどまらず、さまざまなタイアップ・スキームが試行されつつある段階といえるだろう。

❷プロダクト・プレースメント型

映像コンテンツ上に、実在する商品を意図的に登場させる方法は、慣習的にプロダクト・プレースメントと呼ばれてきた。この手法は「映画やドラマの中で登場人物が使っていたあの商品」という形でブランドをシンボライズすることができる。よって単なる認知度向上や単純接触効果にとどまらず、ブランドへの好意度形成と結びつきやすい。

ただ、エンタテインメント作品の中にスポンサー名などが登場する例は、なにも今に始まったことではない。わが国においても、かなりの歴史がある。

『平家物語』は、壇ノ浦で滅亡した平家を鎮魂するために行長という人物がまとめた物語である。この物語の中で、なぜか「山門のこと」が「ことさらにゆゆしく（徒然草）」登場する。これは、行長自身が、比叡山延暦寺の天台座主・慈円に庇護されていたからだと言われている。つまり「平家物語」の作者は、スポンサー（山門＝比叡山延暦寺）の意向を反映するために、作品を書いたととることもできるのだ。

江戸時代に入ると、大衆文化として定着した歌舞伎の舞台や落語の噺の中には、企業名やブランド名が頻繁に登場するようになる。

歌舞伎の市川團十郎の屋号は「成田屋」である。これは初代團十郎が成田山新勝寺に帰依したことに由来するが、元禄一六（一七〇三）年、その成田山が江戸出開帳（寺院が秘仏とされていた本尊を、他の場所に出張して公開すること）をするタイミングに合わせて、團十郎は自ら不動明王に扮する芝居を打ったりもした。歴史家の安藤優一郎によると、当時、芝居見物をした人たちがその足で、江戸特別限定公開中の秘宝公開イベント（寺側からすると販促イベント）に流れたということなので、十分にタイアップパブリシティの役割を果たしたわけである。加えて團十郎は、「もぐさ売り」なども演じており、歌舞伎におけるタイアップの原型をつくったとされる。[3] この流れを受けた二代目團十郎は、「助六」においてスポンサーの三浦屋を紹介したり、「寿の字越後屋」（今の三越の前身）というタイトルの舞台を演じたり、さらには「若緑勢曽我」で「ういろう売り」を登場させたりするなど、タイアップの流れをさらに発展させていくことになる。

落語に至っては、噺（現在では古典、当時は新作）の内容が庶民の消費生活と密接に結びつくこともあいまって、実存した商品名が盛んに登場している。こうした江戸時代のケースを見る限り、プロダクト・プレースメントは広告の亜流ではなく、むしろ、広告の原初的形態と捉えるべきかも知れない。これらは今でこそ「古典文化」として祀り上げられている節もあるが、本来は庶民のエンタテインメントであり、広告とは折り合いがよかったようである。[4]

前置きが長くなったが、プロダクト・プレースメントを今日的なビジネスモデルに発展させたのは、やはりハリウッドの映画界といえるだろう。一説には、『理由なき反抗』（一九五五年）の中に登場する「ジェームズ・ディーンの使うクシ」への問い合わせがワーナーブラザーズに殺到したことが、プロダクト・プレースメントの事始めであったともいわれる。スピルバーグ監督の『E.T.』（一九八二年）もまた、大きな転機をもたらしたケースとされる。この映画の中で、宇宙人であるE.T.の好物は、ハーシー社の「リーセス・ピーセス」というピーナッツバターキャンディーという設定であった。『E.T.』の大ヒットの影響で、リーセス・ピーセスの売上は六五%もアップしたと伝えられている。[5]

その後、ハリウッド映画では、こうしたプレースメントを頻繁に行おうとする戦略を打ち出してきた。「007」シリーズにおいて、主人公のジェームズ・ボンドがBMWの車を乗り回したり、『マトリックス』の中でノキアの携帯電話が使われたり……という事例が続出したのは、すでにご存知の通りである。ブランドチャンネル社（米国）の調査によれば、二〇一〇年の全米興行成績一位になった三三本の映画の中には、実に五九一の製品ブランドが登場したという。

現在のハリウッドでは、単に商品を設置（プレースメント）させるだけでなく、さまざまなタイアップメニューが用意されている。例えば「バーバル・メンション」という手法は、登場人物のセリフの中に、特定のブランド名を登場させるというものだ。サービスなどの無形財においても、こうした方法で映画の中に登場させることが可能になった。経済のサービス化にマッチしたタイアップ方法ともいえるだろう。

米国ではプロダクト・プレースメントが、テレビドラマやリアリティ（素人参加型）番組などでも、盛んに採用されている。テレビドラマ『24（twenty four）』で、トヨタ自動車がプレースメントを行った例などは有名である。同番組では、主人公ジャック・バウアーがトヨタの車を操り、悪役が乗る競合ブランドの車を追いかける、といった対抗的な使われ方もされた。

日本でも、タイアップや商品供与といった方法で、映画やドラマに商品を登場させる「準広告」は日常的に採用されてきた。ただしこうした手法は、PR会社がプロデューサーや制作会社と広告主とを仲介する形により、広告ビジネスの外側で（アンダーグラウンド的に）営まれてきた印象が強い。

「特殊な人間関係を使って、番組の中に商品を登場させてあげる」といった形である。費用に関しても規定はなく、その場その場の関係の中で決められていた節がある。しかし近年では、広告宣伝の一手段として、媒体社や広告会社が積極的なビジネスを志向し始めている。

関西テレビのドラマ『リアル・クローズ』（二〇〇九年一〇月放映）では、百貨店の婦人服売り場を舞台にストーリーが展開され、さまざまなファッションアイテムを画面上に登場させた。同時に、ドラマの中で登場人物が身に着けた衣服、靴、ジュエリーなどを、番組連動のウェブサイト・携帯サイトで販売する試みも行っている。この背景には、テレビ視聴率の低下や録画によるCM飛ばし、消費者側のダブルウインドウ（テレビとPC、テレビと携帯）による視聴傾向などがある。テレビ局側も、スポンサー商品の認知度を上げるだけでなく、販売に直結するCM形態を志向する必要に迫られている。そのため、このような形で番組の中に広告的要素を盛り込むとともに、番組内容と連動したダイレクト販売が試みられたのであろう。

ドラマやバラエティ番組に限らず、アニメーション番組でもプロダクト・プレースメントの手法が試行されている。広告会社のアサツー・ディ・ケイが提示したのは、テレビアニメ『タイガー&バニー』（MBSほかで放映、二〇一一年）において、登場するキャラクター（スーパーヒーロー）のボディに企業ロゴタイプが入るという新たなタイアップ・スキームであった。

なお、タイアップした作品に商品を登場させることで注目度を高めながら、「作品仕様」「主人公仕様」として既存製品のプロモーションを仕掛けるケースもある。フジテレビ系列で放映され、その後映画で大ヒット作となった『踊る大捜査線』では、主人公・青島俊作モデルの腕時計（ウェンガー）や、青島モデルのシェルパーカー（ヒューストン）などが発売された。コンテンツとのタイアップによる付加価値づくりの事例といえるだろう。

テレビ局の動画配信サイト・第二日本テレビが、二〇〇九年一月に単月黒字化を達成した。これは、タレントの間寛平が地球一周にチャレンジした「アースマラソン」に、トヨタ自動車のプリウスを登場させるといったプロダクト・プレースメントが功を奏したためと言われている。また、動画配信サイトのＧｙａｏが、映画に登場したブランドと関連する広告を同一画面上に掲示するサービスを開始するなどの動きも出てきており、ウェブを利用したプロダクト・プレースメントは広告ビジネスに新たな活路を示しつつある。

プロダクト・プレースメントはこれから、広告業界や媒体社側がビジネスモデルとして確立できるかどうか、という微妙な段階にあるものと思われる。費用対効果をどのように考えるべきか、ただでさえ売りづらくなっている広告スペースを余計に抑圧しないかどうか、といったビジネス上の課題だけでなく、どこまでが番組で、どこからが広告なのかといった社会的批判、それに付随する法的問題や倫理的問題もクリアしなければなるまい。

❸ブランド・インテグレーション型

商品・サービスの使用が必然性・重要性を持つコンテンツを、スポンサーと協力して制作する方法がブランド・インテグレーションである。プロダクト・インテグレーションと呼ばれることもある。プロダクト・プレースメントが制作段階からのタイアップだとすれば、こちらは企画（シナリオ制作）段階からのタイアップであり、ストーリーの中で商品やブランドがより重要な位置づけを持ってくるケースが多い。場合によっては、そのブランドがなければ物語が成立しないようなつくりになることもある。ただしブランド・インテグレーションとはいっても、先述したプロダクト・プレースメントとの区別は微妙であり、プロダクト・プレースメントのひとつの変形と位置づけられる場合もある。

トム・ハンクス主演の映画『キャスト・アウェイ』（二〇〇〇年米国）は、国際物流会社フェデックス・コーポレーションによるインテグレーションと目されている。主人公チャック（トム・ハンクス）の乗るフェデックス国際航空便の飛行機が太平洋上で墜落し、彼はただひとり、無人島に流れ着く。フェデックス社員のチャックは、自らが極限状態にありながらも、なんと顧客から預かった散乱した荷物を、たったひとりでまとめようとするのだ。また、数年後にチャックが生還したのちも、フェデックス社は彼をまた社員として受け入れようとする、といったシーンも登場する。

二〇〇七年公開の日本映画『バブルへＧＯ‼　タイムマシンはドラム式』は、日立製作所によるブランド・インテグレーションの事例である。「バブル崩壊を食い止めるというミッションのもと、一九九〇年のバブル絶頂期へタイムスリップする」という内容のコメディの中で、新製品のドラム式洗濯乾燥機を、タイムマシン（「日立家電研究所」で開発されたという設定）として登場させている。

なお、映画の公開に合わせて、ウェブ上で架空の組織「日立家電研究所」サイトを設定したり、家電量販店店頭では、映画を想起させるような売り場演出を試みたりするプロモーションを連動させ、洗濯機の売り上げアップにも寄与したとされる。

このように、企業ないしブランドが、ストーリーの中核に位置づけられ、肯定的な意味合いで登場することには大きなメリットがある。それは、ブランドイメージの上昇や販売促進、話題性といったマーケティング効果にとどまらない。社員のプライドアップ、研修や会社説明のための素材形成、リクルーティングなどへの影響、さらには作品として後世に残ることから、将来にわたっての大きなイメージ資産となっていく可能性を孕んでいる。

ただ、劇場映画でのインテグレーションを行う場合、企画から公開までに数年間という日数がかかるため、広告主側は中長期的な視点でタイアップ計画を組み立てる必要がある。よって、相当安定したロングセラーブランドでもない限り、プロダクトレベルでのタイアップは現実には難しいようだ。また、映画完成段階での広告主側の体制も未知数であり（人事異動や経営危機などのリスクもある）、なかなかインテグレーションまでには踏み切れない企業が多い、という話も聞かれる。

さらに、作品として後世に残る限りにおいては、のちのちの企業行動にも深い関わりを持つと考えねばならない。先に紹介した『キャスト・アウェイ』にしても、二〇〇九年三月に成田空港で起きたフェデックス80便の着陸事故の際に引き合いに出されるなど、状況によっては「負の遺産」ともなりうるわけだ。

古来より根づいている神話や民話の中には、主人公が他者と違った力を発揮するために、「魔法のアイテム」を使用するケースがある。ロシアの昔話の構造を分析した人類学者のウラジミール・プロップは、物語の機能を三一に分けたが、その一四番目に「魔法の獲得」という項目が見られる。主人公は援助者より、何らかの〝魔法物品〟を受け取ることで、人と違った力を発揮できるというものだ。魔法物品とは、いわば、ポパイにとっての「ホウレンソウ」、のび太にとっての「ドラえもん」に該当するような象徴的アイテムである。

ブランド・インテグレーションとは、タイアップ先のブランドが、まさに「魔法物品」として表現されるということである。そこが、単なるプレースメント＝商品設置とは異なる点だ。なお、このテーマはのちに「象徴的アイテム効果」という項目で詳述したいと思う。

●音楽活用型

テレビやラジオのＣＭに、ブランドイメージや表現意図とマッチした音楽を使用するのはもはや当然の戦術であり、いまさらここで解説する余地などないかもしれない。音楽はブランド接触時間を演出し、その時間を感情体験として心に刻む、といった効果が見込まれている。

メディア社会学者の生明俊雄によれば、わが国における音楽タイアップの原型は、『カチューシャの唄』（一九一四年）の替え歌を新聞広告に掲載した「ホーカー液（堀越嘉太郎商店の化粧品）」あたりにある。[6]

ただ、広告研究者の八巻俊雄によると、江戸時代にはすでに、音楽活用広告のはしりといえる形態がいくつも存在した。例えば、美声の売り子を起用した蚊帳売り（のちの西川産業）や、元禄期の豪商・紀伊国屋文左衛門の「かっぽれ」（「沖の暗いのに白帆が見ゆる、あれは紀ノ国ミカン船」と謡われたとされる）などは、音曲を巧妙に活用した古典的なマーケティングの例といえる。[7]

戦後日本のテレビCMの歴史は、そのままタイアップソングの歴史のようなものであり、音楽との連動なくしてテレビCMは成り立たなかったといえる。「コカ・コーラ」や「資生堂」などは、CMと音楽との連携でブランディングを果たしてきた代表例である。こうしたブランドにおいては、広告接触そのものが、消費者に心地よい感情体験をもたらしてきたといえるだろう。

山下達郎作曲による『クリスマス・イブ』は、一九八八年にJR東海・東海道新幹線のCMで使用され、「クリスマス・エクスプレス」のイメージアップに大きく寄与した。しかしそれだけでとどまらず、この曲はエステティックサロンのTBC、スズキ「シボレー・MW」、ケンタッキー・フライド・チキンなど、異業種の広告にも次々と起用されていく。これらはむしろ、楽曲のイメージから広告戦略が組み立てられた例といえるかもしれない。

音楽のプロモーションビデオ（PV）を活用する方法もあらわれてきている。プロモーションビデオは、音楽の歌詞の世界観の中にブランドを組み込むことが可能である。江崎グリコでは、スペースシャワーTVで放映されるPVに、チョコレート菓子「ポッキー」を登場させるコラボレーション広告を続けている。二〇一一年の一—三月には、モノブライトの新曲『DANCING BABE』のPVを、映画『婚前特急』（吉高由里子主演）に模したストーリーとし、その中でポッキーが小道具として登場するタイアップ策を採った。

電車の発車メロディをCMソングにしてしまった例もある。JR新橋駅（東京都港区）では、発車メロディとして、サントリーのCMソング『ウイスキーが、お好きでしょ』を採用した。すでに恵比寿駅（『第三の男』＝エビスビールのCMソング）や高田馬場駅（『鉄腕アトム』の主題歌）でも固有のメロディを流しているが、純粋な広告としての利用はこれが初の試みということである。

音楽の版権サイドも、露出機会が増えるだけでなく、テレビCMの物語世界が加味されることで、歌曲のイメージに広がりが生じる、というメリットも生まれる。このように音楽業界と広告宣伝とは、持ちつ持たれつという関係ができあがっている。なお、米国におけるゲリラ的な事例ではあるが、ラップの歌詞の中にブランド名を挿入するといったタイアップ策もあった。

一方タイアップではなく、オリジナルのCMソングをむしろ独り歩きさせることで、広い意味での広告効果を上げようとする手法もみられる。アメリカンファミリー生命では、医療保険「アフラック新EVER」のCMソングとして『まねきねこダックの歌』（二〇〇九年）をリリース、オリコン最高順位二四位を記録した。二〇一〇年二月には、六本木ヒルズカフェ「まねきねこダックカフェ」をオープンするなど、音楽やキャラクターを立体的に使ったプロモーションを成立させている。

二〇一〇年、ユニバーサルミュージックでは、企業の販促支援用音楽の制作事業をスタートさせた。音楽業界がＢ ｔｏ Ｂ市場の掘り起こしを本格化させている背景には、ＣＤ市場の縮小や、ネット配信の成長鈍化といった状況がある。こうした試みから、いままでのような「テレビCMありき」ではない、新たな音楽活用パターンが生まれてくる可能性もあろう。

さて、昨今のデジタル化と音楽配信技術の進化は、音楽そのものを景品にしてしまうキャンペーンをも成立させている。「コカ・コーラ　ハッピーミュージック」キャンペーンでは、音楽配信サイト「レコチョク」とタイアップし、着うた五〇万曲をプレゼントする販促策を実施した。キャップ裏などに書かれた「うたコード」を入力すると、二曲がダウンロードでき、一曲は友人にも贈れるという仕組みをとりいれたケースである。配信された音楽コンテンツを他者と共有させることにより、プロモーション効果を倍加させたともいえる。

さらには、音楽を通じた消費者参加型キャンペーンも目立つ。大塚製薬「ポカリスエット合唱部」キャンペーンは、異色のローカルテレビ番組『ブカツの天使』でオンエアされる応援ソングをひとつ選び、それを指定されたカラオケボックスで歌うという消費者参加型のプロモーションであった。参加作品は、カラオケ全国ランキングバトルにエントリーされ、全国大会で優勝するとCDデビューという「特典」も待っている、という仕掛けも絡めた。これと並行して、ポカリスエットを利用したオリジナルドリンクをカラオケチェーンで販売するなどの販売提携も連動させた。

珍しいパターンとしては、キッコーマンが新たな社歌『おいしい記憶』『おいしいってなあに』（秋元康作詞・大島ミチル作曲）を作成し、社員の式典や消費者参加イベントに使用したケースを紹介しておきたい。社歌こそ、企業ブランドを体現する最大のコンテンツだという観点からの施策と考えられる。インナー（社内向け）ブランディングにおけるコンテンツ活用事例である。

このように、音楽活用のマーケティングは「聴かせる」「感じさせる」という段階から、「共有させる」「参加させる」という段階へと進化してきているようだ。消費者、特に若年層の能動的な関わりを刺激するために、音楽活用は格好の手段なのである。

ゲーム活用型

通信ゲームやゲームソフトの中に、商品やブランド名を登場させる手法が注目されている。「アドバゲーミング」などという呼び方もある。看板や社名ロゴが登場するパターンだけでなく、ゲーム内で入手できるアイテムとしてスポンサー企業の製品が登場するような形式もある。

日本初のゲーム内広告は、一九八八年に発売された任天堂『帰ってきたマリオブラザーズ』の中に、永谷園の「お茶づけ海苔」や「マリオカレー」の広告メッセージが表示されたケースではないかといわれている。

今日、米国におけるゲーム内広告の市場は五〇〇～八〇〇億円という試算もあり、日本国内でも今後の伸長が期待されている分野である。特に、家庭用ゲーム機器がネットワーク化したことや、大手SNSのAPI（Application Program Interface）公開に伴うソーシャルゲーム市場の拡張、バーチャルリアリティ（仮想現実）やオーギュメンテッド・リアリティ（拡張現実）技術の伸長などから、さまざまなゲーム広告の形態が登場してくるものと目されている。

特に、ＳＮＳのソーシャルゲームを活用したマーケティングには、さまざまな期待が寄せられている。日清食品では、モバゲータウン内のゲーム『行列のできるラーメン屋さん』で、期限イベント「日清コラボヌードル博覧会」を開催した。二週間で一〇万人あまりがこのゲームに参加し、同社の携帯サイトに一万人弱の登録者があったという。これは、通常のネット広告におけるコンバージョン（獲得率）の一〇倍以上を示す効果をもたらした(8)。

ただし、いかに技術やメディアが進歩しようと、しょせんはブランド名を露出するだけの「看板」がゲームの中に登場するだけでは、単なる知名度アップにしかつながらない。これで、真のブランディング効果が得られるのか、という疑問の声は残る。コンテンツ活用というからには、もう少し高度なコミュニケーション方法がとれるはずである。

そこで、ＲＰＧ（ロール・プレイング・ゲーム）などのゲームのストーリーと、スポンサー企業のブランドとを自然な形で連携させようとする試みが、有力視されてきている。『メタルギアソリッド』（コナミデジタルエンタテインメント）の中に、主人公の体力を回復させるアイテムとして、大塚製薬の「カロリーメイト」や、第一三共ヘルスケアの「リゲイン」といった飲み物が登場したケースなどは、その先駆け的な事例といえるだろう。コナミでは、この「メタルギア」シリーズにおいて、ユニクロとのコラボレーションＴシャツを発売したり、サントリー「マウンテンデュー」の缶に添付したパスコード入力によってキャラクターを登場させたりと、さまざまなタイアップパターンを提示した。

アクション・アドベンチャーゲームソフト『龍が如く』（セガ）シリーズは、東京の巨大歓楽街「神室町」を舞台にしており、ストーリーの中に実在の企業や店舗、商品など数十のブランドが毎回登場することで知られている。シリーズ3では、「ドン・キホーテ」で使用される買い物袋が、同作品のパッケージデザインになったり、請福酒造（沖縄県石垣市）との提携で「琉球泡盛直火請福」「請福梅酒」を発売したりしたほか、エースコックからは、ゲーム内のラーメン屋の味を再現したカップめんが販売されるといった展開をも試みた。ゲームをストーリーとみなし、プロダクト・プレースメント形式でブランドやアイテムを登場させるこうした試みが、話題を呼んでいる。

ゲームを景品としたプレミアム・キャンペーンも登場してきた。デジタルゲームそのものが景品になる、というだけでなく、ゲーム内で利用できるアイテムが当たるといった形の販売促進策もあらわれている。日本コカ・コーラでは、缶コーヒー「ジョージア」の購入者に、モバゲータウン（DeNA

『龍が如く』

（提供：株式会社セガ）ⒸSEGA

運営）の人気ゲーム『怪盗ロワイヤル』の中で利用できるオリジナルゲームアイテムを提供するプレゼント・キャンペーンを行った（二〇一〇年）。このように、デジタル化されたコンテンツは、「ユーザーの生活環境の中にブランドが入り込む」状態を作り出すこともできる。

一方、こうしたバーチャルな世界だけで完結するのではなく、イベント空間における体験型ゲームや、ボードゲームといったリアルな世界の広告展開も、一部で試みられている。

ニコンでは、ヘッドフォン型映像再生装置「UP」（ユー・ピー）の販売促進において、秋葉原の電気街を、UPをつけながら探索し、謎を解く体験型ゲームイベントを実施した（二〇〇九年）。『ドラゴンボールの謎を解け！』と題されたこのゲームは、予めダウンロードされた案内動画にしたがって街中を歩き、さまざまなポイントに仕掛けられたクイズを解いていくというもの。新たなタイプのデジタル機器として、これまでになかった用途を実感してもらおうとするタイアップ販促策である。

日本ミルクコミュニティのヨーグルト「牧場の朝」が発売二〇周年を記念して、『人生ゲーム　牧場の朝』オリジナルバージョンを制作、プレミアム・キャンペーンを実施した例（二〇〇七年）なども、一種のゲーム活用のブランディングといえる。ヨーグルトの基礎知識、牧場や研究室での話、美容や健康についての情報、生産工程などを、ゲームを通じて理解してもらおうという主旨で制作されたものだ。

今日、携帯電話のGPS機能を活用し、ゲームと旅行を組み合わせたコンテンツなども登場してきている。また、頓挫した観はあるものの、「セカンドライフ」などメタバースの活用も、これから期待される分野であろう。デジタルゲームそのものを、プレミアム賞品にするようなケースもあらわれており、ゲームは消費者との結びつきを強めるコンテンツとして熱い注目を集めている。

❖——●小説・テキスト活用型

村上春樹の小説の中には、さまざまなブランドや料理、音楽などが登場する。大ベストセラー作『1Q84』に登場した音楽のタイトルだけとってみても、『ヤナーチェクのシンフォニエッタ』、バッハ『平均律クラヴィーア曲集第1巻第1番ハ長調BWV846 前奏曲とフーガ』、ジョン・ダウランド『ラクリメ』、ローリング・ストーンズ『マザーズ・リトル・ヘルパー』、ミシェル・ルグランによるサウンドトラック『華麗なる賭け』などがある。これらは無論タイアップではないのだが、書籍の売れ行きとともにこうした楽曲のCDが売れ始める、といった状況もみられた。また『1Q84』に登場する曲、ということでレコード会社やCDショップがプロモーションを仕掛けたケースなどもみられる。

最初からタイアップ目的のエンタテインメント小説をウェブサイトで連載するとか、あるいは文学作品の中に紹介された商品・店舗として広報する、といった形がとられることは多い。

しかし、純粋な文学作品となると敷居が高く、その中に広告的な要素を意図的に盛り込んでいくのは、基本的には難しいと目されている。また、村上春樹クラスのベストセラーならいざ知らず、いわゆる「活字離れ」によって、小説そのものの社会的影響力の低下が懸念されているのは、ご承知の通りである。そうした中で、小説の中のプロダクト・プレースメントを盛んに試みているのが携帯小説サイトだ。携帯小説サイトの中には、企業とのタイアップ・スキームを確立させた事例もある。

例えば、携帯小説サイト「魔法のiらんど」では、二〇〇八年に日本コカ・コーラの天然水「アクアセラピー　ミナクア」とのタイアップ・プロモーションを実施した。これは、小説の中にブランド名が登場するプロダクト・プレースメントではなく、「小説の世界観とブランドコンセプトとを重ね合わせた」形でのタイアップであった。人気作家に「ケータイピュア小説」と銘打った作品を連載してもらうとともに、読者参加サイトを併設したり、イメージソング『あなたがいるから』（中島美嘉）と連動したりしながら、ミナクアのコンセプト「ピュア」を総合的に表現していった。開始一カ月で、読者数が三〇万人を突破したという。

一方、スターツ出版の運営する携帯小説サイト「野いちご」では、トリンプ・インターナショナル・ジャパンとタイアップし、携帯小説の中に、主人公が下着を着たり、選んだりするシーンを登場させた（二〇〇八年）。トリンプ側は、物語内容にマッチしたデザイン・機能の商品を開発するとともに、自社の携帯サイトに誘導させるプロモーションを展開した。例えば、七月に連載した小説のテーマは「夏祭り」で、浴衣の下に着るのに適した「カップ付きのロング丈インナー」を登場させている。

携帯小説は、「携帯サイトで連載される小説」という説明だけでは言い尽くせない、独特のジャンルを形成した。「体験談をベースにした恋愛小説」「書き手も読み手も十—二十代女性」「センテンスが短く、セリフのみ。漢字が少なく、絵文字が駆使される。横組み」「売春（援助交際）、レイプ、妊娠、薬物、不治の病、自殺、真実の愛……といったテーマが主軸」といった、固有の世界が繰り広げられている。連載中にサイトで作品を読んでいた層が、話の筋を既に知っているにもかかわらず、出版化されると書籍も買う、といった購買行動にも注目が集まった。『赤い糸』（原作・メイ）など、携帯小説を原作とした映画やテレビドラマも続々と生まれてきている。

米国人ジャーナリストのダナ・グッドイヤーは、「（携帯小説の）読者はコメントをし、続きを書くよう筆者を激励し、友だちにも読むように勧めるといったことを通じて、参加者になっていく」と指摘している。[9] つまり携帯小説の読者の心性は、「小説作品を継続的に読む」というよりも、「自分の友だちネットワークの中に、たまたまテキストコンテンツが存在する」という状態に近いのである。だからこそ、連載終了後に刊行された単行本を、自分たちの友情を象徴する思い出の品として購入していく。よって、携帯小説の中にブランドメッセージを介在させる場合は、うまくはまれば、非常に「熱い」クチコミ効果が期待される。反面、ともすると読者にスルーされ、企業や商品も同時に嫌われる危険性もあるのではないかとも思われる。こうした当たりはずれの激しさというのも、コンテンツ活用マーケティングの特性のひとつである。

なお、小説の文章部分ではなく、表紙をプロモーションに活用した例もある。「ハーレクイーンロマンス」において、表紙にストーリー内容を想起するジュエリー（宝石・貴金属類）の写真を掲出し、貴金属商がスポンサードしたケースなどがそれに該当する。また、商品そのものやパッケージに小説やポエムなどを刷り込んで、商品の世界観を提示するといったデザイン手法もある。

一般に、小説などのテキストコンテンツは、動画に比べてインパクトが弱いとみなされることもある。しかし、情報量が限定されているがためにむしろ、消費者の心の中で豊かなイメージを広げる可能性を秘めている手法ともいえる。

物語広告

日本マーケティング協会が実施した「マーケティング現在・未来アンケート」(二〇〇七/二〇〇九/n＝一五四)においては、マーケティング重要課題の第六位に「今後は物語(ストーリー)仕立てのコミュニケーションが必要だ」という項目が上がってきた。多くのマーケティング・マネージャーが、物語性をどう構築していくか、ブランドの世界観をどう創り出していくべきかを意識しはじめている。

広告そのものにストーリー性を持たせる表現手法としては、いわゆる「物語広告」を挙げることができる。特にロングセラーブランドでは、ストーリー性の高い広告で好感度を上げようとする方法が定着している。

近年では、ソフトバンクモバイル「白戸(ホワイト)家」シリーズ、サントリー・ボス「宇宙人ジョーンズ」シリーズ、サントリー「伊右衛門」など、好感度上位に食い込むCMは、軒並み物語型ということもできる。

物語の本質的な効果についてはのちほど詳述するが、実務的にはブランドの世界観をストレートに表現できる点、シリーズ化によって安定的なブランドイメージ形成に寄与できる点、そして新製品告知や販促キャンペーンなども同じ物語のフォーマットで伝えられる点などが、物語広告のメリットと考えられている。

ただ物語広告とはいえ、わずか一五秒、三〇秒の広告枠で、背景となる設定まで細かく伝えるのは不可能である。したがって、CMではあえて細かいことは語らず、視聴者に「行間を読ませる」ことによって、話題性やクチコミ効果を生み出す表現が有力視されることになる。

江崎グリコ・OTONA GLICOキャンペーンは、アニメ『サザエさん』に登場した子供たちが大人になり、二五年後に再会したという設定で展開された。IT企業のCEOになったイクラちゃん、エレベーターガールとして働いているワカメちゃん、ひたすら実家と地元にこだわり、相も変わらず草野球の練習に命を賭けるカツオくん……などがここに登場した。視聴者は、この物語広告の設定についてある程度のことは知っていても、いくつかの「未知」部分が残されている。そこで「法事のシーンがあるが、いったい誰が亡くなったのか?」「カツオ兄さんは、どんな仕事をしているんだろう?」といった疑問や憶測が飛び交うことになるのである。

アニメーションを使った物語広告の事例もある。アキレスでは、子供向け運動靴「瞬足」のテレビCMにおいて、ストーリー性の高いアニメーションを採用した。主人公の少年たちに危機が訪れると、「瞬足」特有の強い加速で走り切り、ピンチを切り抜けるといった内容である。二〇〇三年に発売された同ブランドは、七年間で二、〇〇〇万足を売り上げるヒット商品にまで成長した。

物語広告は、ロングレンジブランドの中長期的なブランディングには適している。しかし、ロングレンジブランドでも、常に同じような世界ばかりを提示していたのでは、消費者に飽きられてしまう危険性がある。そのブランドが持つ「既知」の世界観の上に、少しずつ「新たな発見」を付加してあげる必要があるわけだ。歌舞伎でいう「世界」に対する「趣向」、つまりは基本的パターンの上に新規性が加味された表現が求められるのである。

例えば、二〇〇四年にスタートしたサントリー「伊右衛門」の広告シリーズでは、いつの間にか、お茶職人の伊右衛門（本木雅弘）と、妻（宮沢りえ）との間に子供が産まれている。こうした小さな変化が、ブランドへの話題性と関与性を生み出し続けていくものと思われる。物語広告は確かに、ブランド固有の「お馴染みの世界」を創り出すことができるが、お馴染みに寄りかかっているだけでは、ブランドの鮮度を担保できないのである。

また物語広告は、ある一定以上の広告出稿量や、クオリティを担保するための（それなりの）広告制作費が必要である。さらに言えば、シリーズ化による長期的展開によってじわじわと効果があらわれるのが物語広告らしさであり、逆に瞬間風速的な販促には不向きという弱みもある。

●オウンド・エンタテインメント

ブランドの世界観で独自のコンテンツを制作し、それを軸としたマーケティング・コミュニケーションを展開しようとする「オウンド・エンタテインメント」も有力な手段である。エンタテインメントの種類も本来多様なものがあるが、現時点ではブランディングを目的としたショートフィルムの制作とウェブ配信がその主軸である。これはブランドの世界を、マス広告の制約にとらわれることなく表現できる手法と目されている。なおオウンド・エンタテインメントは、自社ホームページなどで単独で展開されることもあるが、前述した物語CMと連動するケースも多い。

今日、一般家庭へもブロードバンド通信が普及し、動画配信は極めて身近な存在になってきた。一時は、海外の自動車ブランドがこぞってショートフィルムを制作、日本のメーカーも追随したこともあった。BMWがテレビCMの経費を全てネットに転換するといった方針を示すなど、新時代のコミュニケーション形態と目されたこともある。

日本国内でショートフィルムが一気に注目を集めたのは、ネスレコンフェクショナリーが「キットカット」のブランディングにおいて制作した『花とアリス』（二〇〇三年）ではなかったかと思われる。岩井俊二監督によるこの作品は、ストーリーの中に一切商品は出さず、それでいながらブランドの世界を巧妙に表現した点でも高く評価された。これはキットカットの「ハブ・ア・ブレイク」というブランドコンセプトに基づき、「普通の女子高生の日常生活」「悩みがある」「立ち止まって考える」「願いがかなう」……といった基本的なモチーフを、ブランディング担当スタッフたちがまず考案し、それに基づいて岩井監督に依頼することで成立したコラボレーションであったという。[10]

ショートフィルムの制作は一時の過熱ぶりからみると落ち着きを見せた面もあるが、シャネルの『フィッティンググルーム・フォリーズ』、クリスチャン・ディオールの『ザ・レディ・ノワール・アフェア』など、いわゆるファッションブランドがアート性の高いブランドフィルムを制作したことで、再び注目が集まってきているようだ。

『アルケミスト　輝きの秘密』（二〇〇九年）は、ユニリーバ「ラックス」のヘアケアライン製品のリニューアル発売を記念して制作された七分間のショートフィルムである。キャサリン・ゼタ・ジョーンズ主演、ドン・シャドフォース監督、脚本にはジェフリー・ケイン、カメラにはジョン・マシソン……といった一流どころを起用し、文字通り「スーパーリッチ」な制作陣となった。ストーリーは、地球で最も貴重な成分を含み、ダイヤモンドより高価な「美容液」を開発した研究所に勤務するゼタ・ジョーンズが「全ての女性に美しさをもたらすため」に、これを巧妙な手口で盗み出すというもの。なお、ユニリーバではこのショートフィルムをベースにした五分の長尺テレビCMを、キャンペーン期間中にオンエアした。

さて、どれだけクオリティの高い作品を制作しても、それをブランドサイトまで見に来てくれないことには、なんら効力をもたない。そこで、動画ポータルサイトなどで自社制作のショートフィルムを配信する方法も試行されている。ダック引越しセンターが、漫才コンビのおぎやはぎと北陽を起用したショートコント「ダック引越劇場」（二〇〇六年）を、動画ポータルサイト「ＧｙａＯ」で公開したケースなどがそれに該当する。自社サイトにおける公開やテレビＣＭでも「番組宣伝」を行ったが、より広い層へのリーチを狙ったメディアミックスであったと考えられる。

エピソード広報

パナソニックのモノづくりスピリッツ発見マガジン「ｉｓＭ（イズム）」は、同社の商品開発や技術開発におけるエピソードや、社員の考え方・心情などを、エンタテインメント形式で伝えるウェブサイトである。掃除機のノズル、炊飯器の内釜、黒板拭きクリーナー、乗馬フィットネス機器……など、地味な商品領域を含めて、ひとつひとつに開発のエピソードがあることがわかる。

「プラズマテレビ・ビエラ」の省エネ技術については、情報ポータルサイト・オールアバウトで「家電」ガイドを担当する戸井田園子氏が、パナソニックの技術者たちをインタビューしている。最近のテレビ受像機は大画面になり、電気代が高くつきそうなイメージを持っていた戸井田氏であったが、「液晶テレビとプラズマテレビは映像の映し方が全く異なっていること」「液晶の場合はバックライト方式であり、画像の中身に関わらず消費電力は常に一定」「プラズマは、小さく分割されたセルがあり、シーンに必要な光量を出すので、暗いシーンでは消費電力がかからない」といった説明を受けて、「必要ないときは休んでいるセルがあるなんて、賢い！　そのうえ画質が優れているなんて嬉しいですね」と感想を述べている。このように、社内の開発者たちを第三者の目で取材し、わかりやすい読み物にしている点が「ｉｓＭ」の特徴である。

これまでニュースリリースやＰＲ誌などを通じて発信していた社内のエピソードを、コンテンツ仕立てで伝えようとする試みも重視されてきている。自社サイトだけでなく、ＹｏｕＴｕｂｅなどの動画サイトを活用する例も登場しつつあるが、いわゆる企業出版物を刊行するような伝統的手法も根強いものがある。

峰如之介『なぜ、伊右衛門は売れたのか』（すばる舎、二〇〇六年）は、サントリーのお茶飲料「伊右衛門」の開発プロセスを描いたノンフィクションである。ここでは、連戦連敗のプロジェクトチーム、背水の陣で臨んだお茶飲料開発、消費者調査から得られたショッキングなデータ、自社の弱みに対する冷静な分析、失敗を恐れぬ企業風土とメンバー間の意思疎通、京都・福寿園との粘り強い提携交渉、一〇〇年ブランドの誕生、竹筒をヒントにしたボトルデザイン、発売とともに売り切れ店が続出、初年度の売上高七〇〇億円の大ヒットに……という、新商品プロジェクトチームが成功するまでのプロセスが描かれている。

「伊右衛門」のヒットについては、さまざまな要因分析がなされている。その中で、本木雅弘と宮沢りえを起用した時代劇風の物語広告がよかった、という声も強い。日本的なスローライフの伝統や、夫婦間の愛情を感じる、といった印象を抱く人が多いようだ。しかし本商品が、お茶飲料のヘビーユーザー層である三十代以上のホワイトカラー層から圧倒的な支持を得た理由は、この広告の中で展開された「日本人にとっての物語」「夫婦が助け合う物語」だけでなく、「伊右衛門」プロジェクトチームのエピソード、すなわち「サラリーマンが苦悩して、成功する物語」が流通したためではないかと思われる。その「サラリーマンの物語」については、パブリシティや取材対応、さらには商品開発者によるメディアでの発言、こうした企業出版物（正確には企業出版物ではないが……）といった、広報活動の成果であろう。

平野日出木が広報コンサルタントの立場から、「強い願望を持った主人公が」「障害を乗り越えながら」「目標への到達を目指す」という構造については、物語とプロジェクトは相似形であり、新製品や新事業開発の伝え方を、このような文法に基づいて行うべきだと主張している。[11] つまり、企業内のエピソードをそのまま伝えるのではなく、物語の構造に組み替えて伝えるべきだ、ということである。

作品型のブランドコンテンツを制作せずとも、こうしたストーリー性を意識した広報活動によって、ブランドに関する物語が流通する場合もある。それは、新聞記事やニュース報道もまた、物語の構造に沿って作成されているからであり、さらにはそれを見る消費者側も、物語の構造によって事実を認識するからだといえる。よって広報マンには、どのような「物語」が世の中で支持されるのかを敏感に察知し、その物語の中に「事実」を組み込むといった作業が求められる。「事実」は「物語」の対義語ではないのである。

●CGM誘発型プロモーション

ブランドコンテンツはなにも企業が制作して、提供するだけのものではない。ブランドというものが、送り手と受け手の中間領域に成立するものだとすれば、消費者の手によるブランド表現を促進したり、支援したりする仕組みが有力視されてくるのは当然だろう。

消費者作成メディア（Consumer Generated Media＝ＣＧＭ）または、消費者作成コンテンツ（Consumer Generated Contents＝ＣＧＣ）とは、ブログやＳＮＳなどで公開される日記、ツイッターでのつぶやき、ネットコミュニティ発の二次創作やオリジナル作品、ポッドキャスティングによる個人放送、ウィキペディアなど消費者参加型事典……といったものの総体を指す。ソーシャルメディアといった言葉も現れてきた。

こうしたＣＧＭを、「消費者発」のブランドコンテンツに位置づけようとする動きがいま、非常に活発な動きを示している。その代表例は、消費者参加のコンテストを行い、それを他の消費者が閲覧することで、ブランド接触効果を高めようとする手法であろう。

マンダムは、ギャツビー「ムービングラバーシリーズ」の発売（二〇〇六年）に伴い、「ＧＡＴＳＢＹ学生ＣＭ大賞」を開催してきた。購買者層である大学生・専門学校生（一九歳を中心に±２歳）を対象に、同商品のＣＭを制作してもらおうというものである。二〇一〇年度は、日本・韓国・香港に続き、インドネシアからの参加も決定し、国際色豊かなアマチュア広告コンテストとしても注目を集めている。

ロッテのガム「フィッツ」が、テレビCMで佐々木希、佐藤健らの見せるダンスをもとに、消費者が自分の踊った動画をYou Tubeに投稿するコンテストを開催したケース（二〇〇九年）も、大きな話題をさらった。応募～閲覧の中核となったのは日本の中高生であるが、グランプリを獲得したのは海外からの投稿者であった。ネット上での熱き戦いは予定外の「延長戦」へと発展し、それがまた大きな話題となる。コンテスト自体には、販促との直接的なフックを採り入れたわけではないが、ネット上での盛り上がりと並行するかのように、商品の売り上げも上昇していった。

ギャツビーのケースでは、画像・映像・音に関する素材をマンダム側が提供しており、それらを上手く活用すれば、広告制作のアマチュアでも、それなりの表現に落とし込むことができた。フィッツダンスは、テレビCMが「お手本」を示すとともに、公式サイトでは曲のダウンロードや、振付の説明などを行い、しかも自分なりの多少のアレンジはOKという「ゆるい」基準を示した。つまり、いずれもゼロからの創作コンテストではなく、ある程度の〝表現フォーマット〟を示すことで、広く一般からの参加を誘発したのである。

さて今日、消費者発の「コンテンツ」にも、さまざまな形のものが現われている。地域のNPOなどが自発的に考案し、演出する「ご当地ヒーロー」「ローカルヒーロー」は、いまやその数、全国に二〇〇とも三〇〇ともいわれている。演出や公演の素人によるイベントではあるが、地域のブランド化に一役買っている例もある。また、商品や乗り物などを、自らの想像力で勝手に萌えキャラクターにしてしまう「擬人化」という愛着表現も登場してきた。擬人化の対象は、コンピュータのOSや都道府県などとどまることを知らず、『擬人化たん白書』（アスペクト、二〇〇六年）なる出版物の刊行や、擬人化イベント開催などへと広がりをみせているほどだ。さらに、著名作品の二次創作やパロディなども、相変わらずネットコミュニティを賑わしている。こうした、消費者（表現の素人）サイドの自発的な創出意欲を射程に入れたコミュニケーションこそが、今後のコンテンツ活用マーケティングの主軸となっていくであろう。

さて、以上みてきたのは、消費者サイドの創造性を活用した事例だが、消費者同士のコミュニケーション行為に着目した手法についても、ここで指摘してみたい。そのひとつのツールが、ブログパーツである。

ブログパーツとは、ブログのページ上に配置して機能性を向上したり、ページを演出したりすることのできる「小さなコンテンツ」である。プラグイン、ウィジェット、ガジェットなどとも呼ばれており、訪問者カウンター、アクセス解析、ブログペット、時計、カレンダー、ゲーム、占い、地図など、多様な部品（パーツ）が考案されている。このブログパーツを、広告として利用しようとする手法が有力視されている。そのきっかけとなったのは、二〇〇七年にユニクロが提供したブログパーツ「ＵＮＩＱＬＯＣＫ（ユニクロック）」であろう。これは、ユニクロの服を着た女性たちが、秒を刻む音楽に合わせて踊る映像が流れ、それと交互に時計が表示されるというものであった。ブロガーは、この「時計」を無料掲出することで、自分のブログを演出することができた。ブログを訪れた読者にこの時計をクリックさせることで、ユニクロのサイトに誘引することもできる。深夜になると眠った女性が現われるといった、ちょっとしたギミックも話題となり、全世界で九九カ国・六万人以上のブロガーが、自らのブログにアップしたといわれている。

一方「美人時計」とは、ウェブ画面に素人の女性が次々と現れて時刻を教えてくれる、というガジェットである。ユーザーの検索トップ画面やPCのデスクトップなどに設置するアクセサリとして浸透し、サービス開始から約一年で月間閲覧数三億七、〇〇〇万回というキラーコンテンツに成長した。日本マクドナルドが、同社のキャラクター「ドナルド」のアフロヘアをかぶせた女性をここに登場させたり、ジョンソン・エンド・ジョンソンが、登場する女性の顔をしかめっ面に切り替える仕組みを採り入れ、閲覧者にお肌の手入れを意識させるプロモーションを展開したりするなど、その用途は広がりつつある。ここに登場する「美人」たちはみな素人であり、利用する側も素人。自発的な登場者と自発的な利用者、という、素人参加型雑誌のような仕組みに「美人時計」の強みがあるといえ

「UNIQLOCK」では、ダンサーの女の子が時報に合わせて踊る映像を流す
（提供：ユニクロ）

そうだ。こうした、顧客間インタラクション（相互作用）の中にブランドメッセージを織り込んでいく手法は、今後大いなる発展の可能性を秘めている。

こうしたＣＧＭは、ネット時代特有の作法とばかりも言い切れない。自ら情報の発信者となり、コミュニケーションを活性化させたいという欲求は自然であり、そこに既存のアナログツールが用いられる場合もある。東京・新橋の「有薫酒蔵」は、高校同窓生の「寄せ書きノート」が設置された居酒屋として人気を博している。店を訪れた人は、自身の出身校のノートに書かれた同窓生のメッセージを読み、また自分でも書き入れていく。こうして寄せ書きノートは、人が人を呼ぶツールになっている。二〇一〇年四月の段階ですでに一、三一五冊というから、全国の高校の四分の一をカバーしていることになる。マーケティング活用という事例ではないが、こうしたタイプのアナログＣＧＭについても注目してよいのかも知れない。

◆コラム／既知の中から未知を導き出すデザイン

テレビ朝日系列で三〇年以上にわたって放映されている「スーパー戦隊」シリーズでは、ストーリーに登場する武器、乗り物、キャラクターなどを、スポンサーである玩具メーカーが商品化し、番組連動のＣＭで告知するといったビジネスを展開してきた。「スーパー戦隊」に代表されるような、テレビ番組のストーリーと連携したタイプの商品開発は、ひとつのシステムとしてすっかり定着した観もある。

一方で最近目立つのは、作品の中に登場するキャラクターや重要アイテムを「そのまま」商品として出すのではなく、それらとデザインや世界観を連動した自社オリジナル商品を出すという方法だ。オークスでは、『機動戦士ガンダム』に登場するロボット「百式」と同じ金色を使った自転車を開発した。作品に登場するモビルスーツメーカー「アナハイム・エレクトロニクス」社が製造・販売した自転車、という設定となっている。

ガンダムの人気キャラクター、赤い彗星・シャア・アズナブルをイメージした「シャア」専用アイテムは、もはやひとつのジャンルと呼べるほどの広がりを見せている。パソコン、携帯電話、ライター、スーツケース、ヘルメットといった定番製品だけでなく、絆創膏、ジーンズ、バスローブ、クレジットカードなど、その範囲は年々広がるばかりだ。二〇〇九年のキャラクター&ホビーイベント「キャラホビ二〇〇九」では、赤城乳業から「シャア専用MS モノアイアイス」、日清食品から「カップヌードルシャア専用ガラスカップ　赤いカレーヌードル」、サンスター文具からは、シャア専用「じゆうちょう」なども展示された。

また、バンダイとイマジンクラフトから発売された「ルパン三世エスプレッソマシン・ポッドアソートセット」では、エスプレッソマシーンを、『ルパン三世』のトレードマークである赤と黒のコスチュームをモチーフとしたデザインとした。これもキャラクター商品ではなく、「ルパン三世らしいデザイン」を志向した商品化である。二〇〇九年に公開された『ヱヴァンゲリヲン新劇場版：破』と連動し、人造人間エヴァンゲリオン二号機のデザインをモチーフとした腕時計や、パイロットたちのコスチュームをイメージした腕時計が発売されたが、これらもまた単なるキャラクターウォッチとは一線を画している。

ユニクロが展開したコラボTシャツにおいても、同様の試みがなされている。人気キャラクターをそのままあしらうのではなく、キャラクターをモチーフにしたデザインとすることにより、独自性や新鮮味が生じた。例えば『こちら葛飾区亀有公園前派出所（こち亀）』を題材とするTシャツでは、主人公「両さん」の眉と目だけが胸元に描かれているというものであった。

このようにプロダクトデザインのモチーフを、コンテンツの世界から借用する形で新奇性を生み出そうとする方法が散見される。今さら単なるキャラクター商品を出すだけでは、商品化する企業側のオリジナリティのなさが疑われても仕方がない。それだけ消費者は、デザインに対して厳しい目を持ち始めている。また、キャラクターをただ貼りつけただけでは、どうしても対象年齢層が限られてしまうし、一時的な流行で終わってしまう危険性がある。

このようなタイプのデザイン・コラボレーションは、ライセンサー側の著作権に対する意識や姿勢にも変化を与えつつあるようだ。非常にポピュラーなコンテンツ作品は、すでにさまざまな形で、多くの人の目に触れられている。認知度が高いということは、既に飽きられる寸前にあるともいえる。しかしそこに、商品デザイナーの感性が加味されることで、新たな表現として蘇る可能性もあるのだ。

これは、企業の独自キャラクターにおいてもあてはまる。例えばヤンマーでは、新ブランド「Y&M」において、天気予報で馴染みの深い「ヤン坊・マー坊」のキャラクター商品（古着感覚のアメリカンカジュアルファッション）を販売しているが、Tシャツや帽子などのグッズに描かれているのは、アニメそのままではなく、大人になったヤン坊・マー坊の姿である。これは、同キャラクターの持つ高い認知度を活かしながら新しい世界観を示そうとした試みで、中野シロウ、西塚耕一、中原正博の三名によるデザインチーム「プレイセットプロダクツ」によってデザインされた商品群である。

著名コンテンツを一種のプラットフォームと位置づけて「公開」し、それを（著作権者側にも満足させる形で）編集・加工してくれるクリエーターを発掘していく動きも現われている。例えば、手塚治虫や石ノ森章太郎などの作品を、現代のデザイナーたちに表現してもらおうとするオープン・コンテストが実施された例などもある。ウェブサービスにおいては、API（Application Program Interface）を無償公開し、アプリケーション・コンテンツを第三者に生み出してもらおうとする戦略はもはや一般化している。これは、合理的な著作権利用の拡大を目指して二〇〇一年から活動している非営利団体「クリエイティブ・コモンズ」の考え方とも通底するものがある。

コンテンツ財は、情報としては「可変性」を持ち、さらに知識として「偶有性[12]」を生み出す。既知の中から未知を導き出すこうしたデザインは、新たな時代の息吹を感じさせるムーブメントである。

【注】

（1）『日経流通新聞』二〇〇九年九月一八日。
（2）川口盛之助『オタクで女の子な国のモノづくり』講談社、二〇〇七年。
（3）安藤優一郎『大江戸お寺繁盛記』平凡社、二〇〇九年。
（4）八巻俊雄『広告　ものと人間の文化史一三〇』法政大学出版局、二〇〇六年。
（5）仁科貞文・田中洋・丸岡吉人『広告心理』電通、二〇〇七年。
（6）生明俊雄『ポピュラー音楽は誰が作るのか』勁草書房、二〇〇四年。
（7）八巻俊雄『広告』（ものと人間の文化誌一三〇）法政大学出版局、二〇〇六年。
（8）『日経流通新聞』二〇一一年二月七日。
（9）『朝日新聞』二〇〇九年五月一一日。
（10）関橋英作『チーム・キットカットのきっと勝つマーケティング』ダイヤモンド社、二〇〇七年。
（11）平野日出木『「物語力」で人を動かせ！』三笠書房、二〇〇六年。
（12）既知と未知が混在している状態を指す。

第3章　「フリー」商品としてのコンテンツ

❖経済交換の前に生じる文化の交換

前章では、ブランドコンテンツを介在させたマーケティングの、さまざまなパターンを見てきた。これらはことさら「ブランドのここがよい」「商品のここが優れている」と主張するような一方通行的な広告とは、明らかに一線を画すものである。消費者に楽しみや、感動や、イマジネーションや、あるいは参加する枠組みを与えるだけのものが多く、直接的に購買を喚起しようとはしない。中には、消費者側にブランドを語ってもらうような形態すらある。

むろんこれらを「ちょっと風変わりな広告」「その他の例外的な広告」と評して、片づけることもできよう。しかし本書の立場は、こうしたブランドコンテンツによるやりとりこそ、マーケティング・コミュニケーションの本質だと考えるものである。

本章においては、コンテンツをベースとしたコミュニケーションこそ商行為の本質であること、そしてそうしたコミュニケーションが生み出す「交換」の性格についての考察を試みたい。

ブランドコンテンツを介したコミュニケーションにおいては、物やサービスの交換以前に、あるいはそれと同時に、〈文化的な交換〉とでも呼ぶべき状況が生まれる可能性がある、と考えられる。こうして成立する文化交換の場に、経済交換が包含されていくことで、企業活動はただの金儲け以上のものになるし、「プロダクト（もの）」は「ブランド（記号）」になりうる。

経済交換（モノ・サービスと金銭の交換）が成立するためには、文化的な表象（言語、シンボル、知識、信仰、芸術、技術、生活様式、道徳、法律、慣習など）のやりとりが不可欠である。少しここで、商業史を辿ってみよう。

文化人類学の知見によれば、原始的な経済においては、儀礼的・社会的な交換が優先されたといわれる。人類学者・マリノフスキーらが調査したニューギニアのトロブリアンド諸島では、貝でできた腕輪や首飾りなど、象徴的な物品の交換（クラ交易）が行われ、相互の関係を確認しあったのちに、食糧など生活財の交換（ギムワリ）がなされたという。腕輪や首飾りは、機能性や有用性を持たない。ただしこれらは、手の込んだ装飾品であり、アートや工芸品とみなすべきである。

一方、貨幣経済が進展した中世の市（市庭）や、ヨーロッパにおける大市（fair）とは、交易のみならず、人々の交歓の場でもあった。一二世紀以降に、パリのシャンパーニュ、フランクフルト、リオンなどで開催された大市では、東方や北欧からもたらされた珍しい物財が販売されるだけでなく、香具師のパレードや軽業師の芸などで賑わい、エンターテイナーにとってのステージともなっていた。(1)

日本語においては、「買ふ」と「交(か)ふ」は語源が同じといわれる。購買とは、非日常的な文化、異なる世界に属する人々とのコミュニケーションという意味なのである。そもそも「市」あるいは「市庭（いちば）」とは、モノ売りばかりではなく、サービス業・山海民、技術者・文化人・学者など、多様な職能を持った者たちによる祝祭的な交歓の場であった。封建領主によって城下町の活性化を目的に開催された市は、「時代が下るにしたがって、領主権力のコントロールが効かない香具師、雑芸人、辻商いが増加し、商業機能よりも芸能の場が優先する盛り場」[2]と化していく。市では物資の展示販売だけでなく、知識や情報、エンタテインメントが盛んに交換されていたわけである。

また、比較文化論の沖浦和光によれば、インドネシアではいまでも三、〇〇〇人ほどの香具師がいて、独特のパフォーマンスを通じて薬や強精剤などを販売しているという。沖浦は「香具師の行なう芸や啖呵は、ある意味、民衆の娯楽の一つだった」と指摘しているが、こうした商業コミュニケーションの形態は、日本でも江戸期に全盛となった「モノ売り」や、香具師の口上などに引き継がれている[3]。

明治初期に来日した西欧人の多くが、日本の商店街を驚きのまなざしで眺めている。東京の都市を「怪奇な夢のよう」と評した生物学者のモース、「買い物客の楽園」と称賛した建築家のローエルなどを横断的に引用し、「通りは、社会的生産あるいは創造の展示場だった」と指摘したのは、歴史家の渡辺京二である[4]。江戸から明治にかけての日本の街は、多種多様な日用品を販売するだけでなく、工芸品が展示され、職人の技術が披露され、大道芸人が行き交う場なのであった。

商いの場はそもそも、エンタテインメントと密接に結びついていた。越後屋呉服店（三越百貨店の前身）では、歌舞伎役者の大和絵の展示会を開催していたわけだし、明治以降においても、百貨店が展示会・博覧会イベント会場の役割を果たしてきた。阪急百貨店の創始者・小林一三が鉄道事業や百貨店と並行して、宝塚歌劇団や箕輪動物園、甲子園球場といったエンタテインメントソフトを興した背景にも、同様の思想があったとみられている。

こうしてみると、われわれが「市場」と呼んできたものとは、まずは文化的な表象が交換される場であって、経済の交換は（少なくとも買い手にとっては）それに後続するか、従属する行為であったともいえる。言い方を変えると、気分が高揚し、心が豊かになったあとに、財布の紐は緩くなるのである。

ところが近代以降、「経済優先」という風潮が高まる中で、効率的な販売が志向されてくるようになる。その中で文化的な表象の交換は、――例えば、地域の祭りを集客のための販促手段と位置づけてしまった商店街にみられるように――あくまで経済交換の手段として矮小化されていく。本来寺社があり、通りができ、参拝者が行き来し、そこにいくつもの店が並んだ結果が「商店街」であるにも関わらず、経済目的のために文化が組織化されるような、本末転倒の事態も生じてきた。

今日の広告の「販売促進情報」化にも、そうした矮小化の典型を垣間見ることができる。わが国でも一九八〇年代においては、良質な広告はそれ自体が「文化」であり、販売促進とは別の枠組みで捉えるべきだとする視点も生まれていた。さらには多数の企業が、九〇年代前半までに、メセナやフィランソロフィーといった芸術文化支援の取り組みも大切だ、という認識にまで到達したと思われる。

しかしその後、長引く不況の影響もあってか、むしろ「商品名連呼」「価格訴求」「ちらし型」、さらには「ウェブサイト誘引」といったタイプの広告がもてはやされるようになる。これらは「売れる広告」「販売直結型」として歓迎され、さらにはそこにネット合理主義の風が加わり、「マス広告は終わった」という議論すら生まれてきたのは記憶に新しい。

むろん、そうした中でブランディングを重視した広告活動が地道に行われている例もある。ただし現在、そのような方針をもって広告活動を進める実務担当者にとっては、「非常にやりにくい」「理解を求めづらい」時代となっているのではないかと思う。

「マス広告終焉論」は、経済交換の手段としてのマス広告に対する非効率性を、その根拠の支柱としている。しかし本来、広告とはそのようなものなのかどうか、という視点を持つべきである。さらに言うならば、経済とは、商売とは、果たしてそんなものなのか、という視点もだ。

❖ ●コンテンツは、無料で提供された娯楽

ブランドコンテンツとは、経済交換に先立つ、あるいは経済交換と同時に発生する「無償の娯楽的贈与」と位置づけることもできる。要するに、タダで楽しみを提供することに端を発して、経済を駆動させていく手法なのである。モノやサービスと貨幣との経済交換だけでは相互の関係は息詰まるし、そもそもそれを魅力的な営為とみなすことは難しい。われわれの先祖たちは、経済を魅力的にする方法を経験的に知っていたし、さまざまな形で実践してきた。むしろ、コンテンツなどの文化的な財を無償で贈与し、提供された側から尊敬や承認が返礼される文化交換の仕組みを、経済交換のインフラ

ストラクチャーとみなした方がよいのではないだろうか（図表3-1）。

『贈与論』のマルセル・モースや、経済人類学を提唱したカール・ポランニーらの議論にならえば、今日のわれわれがスタンダードだと捉えている「相手との等価交換」による経済だけが、経済の形ではない。もうひとつ「贈与による交換」というタイプの経済もある。

ブランドコンテンツがもたらすのは後者、つまり贈与による経済の側と位置づけられる。ドラマや小説、ゲーム、音楽といった、本来は有償で供給されるはずの情報財が、マーケティング・コミュニケーションのプロセスにおいて無償で贈与され、それによって経済が回転していくという図式である。したがって、ブランドコンテンツは商品を形成する要素の一部、あるいはそれ自体を独立した商品

◉図表3-1　コンテンツによる文化的価値の交換◉

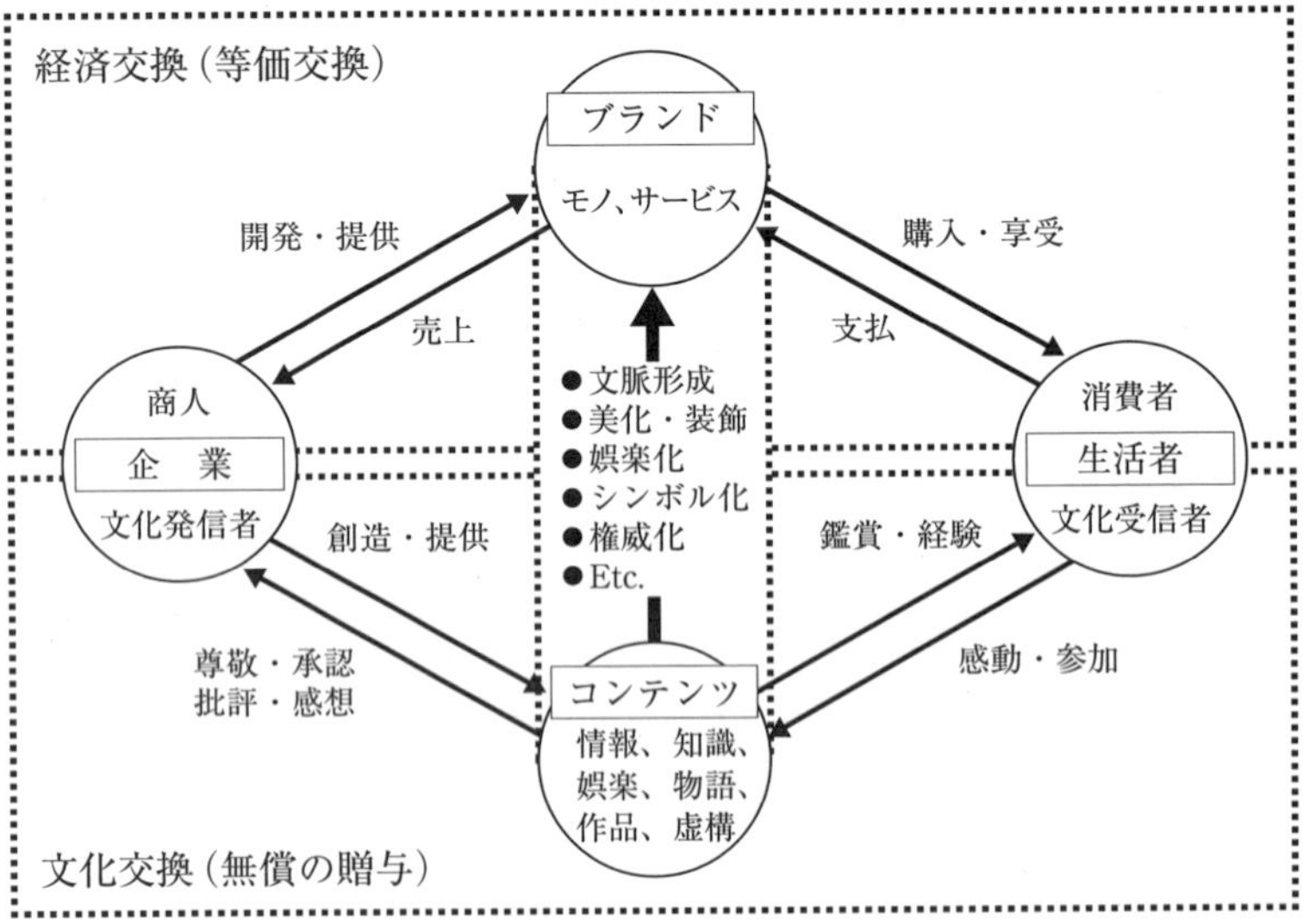

とみなして、その機能や効果が論じられてもよい。

無償である以上、贈与する側は「見返りを求めない」のが原則である。ところが往々にして、贈与された側においては、贈与されたままでは済まされない心理作用が働くことになる。「もらっただけではキモチ悪い」という状態だ。贈与者になんらかの返礼をしようとする行為は、「返報性の原理」という概念で説明されることもある。さらに人類学の知見では、「贈与された者が別の相手に同じような贈与を行う」といった交換の繰り返しこそが動的な経済を生み出す、とされる。

ブランドコンテンツの贈与においても、おそらく同じような事態が起きている、と考えてみたほうがよいかも知れない。企業からコンテンツを無償で提供された消費者は、「なにかをせずにいられない」状態になっていく。それは、新たな知識の獲得だったり、自らの意識改革であったり、企業に対する感想のフィードバックであったり、あるいは知人・家族に対する推奨だったりするが、そうした広義の「反響」こそが、贈与者（企業）にとっての文化的フィードバックにほかならない。図表3-1では、生活者を便宜的に「文化受信者」と表記したが、実は受信者でありながら発信者としての機能を果たすのである。コンテンツは、それを受信した者を発信者にする可能性を秘めているというわけだ。

内田樹（神戸女学院大学教授）は、書籍とは著者から読者に向けられた「贈与」であると言いきっている。読者を消費者と位置づけた時点から出版業界は迷走したのであり、電子出版ビジネスに参入するにあたっては、もう一度原点としての贈与経済に立ち返って考えなおすべきだと主張する。(5)

一方、ポストモダン・マーケティングの研究者である岡本慶一は、「企業から広告という贈与を受け取った消費者は、その贈与の霊を流通業にお返しし、流通業は企業にお返しし、企業はメディアにお返しする、といった具合に世界全体に贈与の霊が循環することで世界が再活性化していく」と述べている。[6] 岡本はここで広告にフォーカスして語るが、ブランドコンテンツにおいてはそうした「消費者による返礼」が、広告以上に純化された形で成立するものと考えられる。

コンテンツの無償供与と、その返礼に伴う経済効果については、クリストファー・アンダーソンなども述べているように、音楽ビジネスの新たな事業形態としても注目されている。[7] CD販売を軸にするのではなく、まずは楽曲をウェブで無料配信し、ファンや知名度を醸成する。そこから先のコンサート収入、グッズ販売、マスメディア出演などで利益を得ようとするビジネスモデルである。こうした形態のビジネスは、既存の売上予測に馴染まないため、ゲリラ的な手法とみなされがちである。しかし音楽業界には、主題歌タイアップモデル（レコード会社がテレビのアニメ番組のスポンサーとなり、一押しの楽曲を主題歌としてまずは耳に馴染ませ、視聴者の反応が高まった時点でリリースする）や、お布施モデル（英国のロックバンド・レディオヘッドの新譜を、無料を含めてユーザーが買いたいと思った価格でダウンロード購入させたケースなどがある）などが既に存在しており、「タダはタダでは済まない」ことが経験的に認識されている。また米国のロックバンド「グレイトフル・デッド」など、コンサートにおける録音・撮影をフリーにすることで、熱狂的なファンが自発的に顧客を開拓してくれているような例もある。[8]

こうした動きは、近隣の業界にも飛び火しつつある。例えば出版業界では、二〇一〇年に講談社が五木寛之の歴史小説『親鸞』をネットで無料公開したところ、書籍そのものの売上が二五％以上アップしたと伝えられている。動画配信サイトでドラマの第一話を無料にするというのも、一種の常套手段として定着しつつある。「タダほど高いものはない」という諺があるが、コンテンツなどの情報財においては、文字通りそれが実践されるケースもありうるのだ。

ではいったい、コンテンツを提供した企業側にとって、消費者からの返礼、反響、あるいは「贈与の霊」とは、どのような性格のものなのだろうか？　言い方を替えれば、ブランドコンテンツの効果をどのように規定すればよいのだろうか？　それらは確かに「評価」「尊敬」「信頼」「感謝」といった言葉で表現することもできるが、しかし果たしてそれだけなのだろうか？

同時に、ブランドコンテンツに対する「返礼」を行う消費者とは、商品・サービスを受容するエンド・ユーザーという位置づけにとどまらず、何らかの文化的行為やコミュニケーションを行う主体となる。文化を交換する社会において、こうした「消費者」の位置づけをどのようなものと捉えていくべきであろうか？

さらに、企業と消費者とを巡るこうしたブランド・コミュニケーションは、近代が形成してきた経済交換のルールを超えた、新たなルールを要請する。それはいったい、どのようなものなのであろうか？

本稿で考察したいのは、まさにそこである。ただしそれには、贈与する無償商品＝コンテンツの商品としての性格を十分に理解するところから入らねばなるまい。

商品として見たコンテンツの特性

マーケティングはそもそも、「モノ製品」の販売戦略を組み立てる知識体系として、二〇世紀初頭の米国で成立した。もっというと、大量生産を前提としたコンシューマプロダクトを、不特定多数に、いかに効率的に売りさばくか、の議論であったといってよい。それが徐々に「サービス」や「法人向け商品」、「非営利団体」「旅行（観光地）」「特定少数向け商品」……といった分野にも応用され、その適用範囲は拡張されていく。今日では、全ての組織や個人が、マーケティングの考え方を採りいれるべきとされ、マーケティングの定義もまた、大きく変貌を遂げてきている。

ただし、「コンテンツ」という商品分野のマーケティングについてはまだこれからの議論であり、体系化された論考は乏しい状況にある。それはまず、文化や芸術を担う立場の者が「マーケティング」などというはしたない（？）考え方を抱くべきではない、とする業界特有の美意識があったり、そもそも「コンテンツ」という枠組みで業界横断的な検討アプローチがされてこなかった経緯などもあるが、コンテンツ財そのものに潜む多様性や捉えどころのなさこそが、研究対象として大きな壁を形成してきたのではないかと思われる。われわれは、映画やドラマ、小説、音楽……といったコンテンツに対しては、あまりにも身近な存在であるがゆえに、その性格をなんとなくわかったつもりになっている。しかし、コンテンツを改めて「商品」として見た場合、その特性を考察してみると実にやっかいな相手だということがわかる。

コンテンツの商品特性を分析した事例として、ここでは浜野保樹（コミュニケーション論）と、Caves（ハーバード大学名誉教授）などの知見を下敷きとした河島伸子（文化経済学）の論考を挙げてみたい。なお以下は、筆者が意図的に集約・簡明化したものであり、両者の著作においては、さらに複雑かつ発展的な議論が展開されているという点を予め言明しておきたい。

浜野保樹は、著書の中で、コンテンツビジネスとコンテンツ広報の特殊性、さらにはコンテンツ消費についても言及している。[9] これらのうち、コンテンツの商品特性について直接的に触れているキーワードをピックアップしてみよう。

・商業生産物であるが、文化財でもある
・企業名がブランドにならない
・タイトルが多様である
・権利から利益が生じる
・市場予測がつきにくい
・時間が経過しても価値が減じない
・代替が効かない
・個人の才能によって出来が左右されがち

・批判、批評の対象となりやすい
・事前に品質を吟味したうえで購入できない
・前払いである
・知られていなくても、知られすぎていても売れない
・時間消費型である

一方河島伸子は、文化経済学の立場から、コンテンツ商品の特性を次のように指摘している。[10]

・無体物であり、情報財である
・一度体験してみないとその価値が認識できない経験財である
・機能性がない
・タイトルが多様である
・準公共財的な側面を持つため、著作権で保護される
・価値が不確実であり、社会的・経済的影響力が予測不可能（効果の外部性を持つ）

このような議論を、ここで一度、マーケティングの立場から筆者なりに整理してみたいと思う。

コンテンツは「情報」「知識」「娯楽」「物語」「作品」「虚構」

筆者は、すでに著書の中で、商品（財）としてのコンテンツに対する考察を試みた。[11] 以下は、その

延長上の整理となる。

コンテンツには「情報」「知識」「娯楽」「物語」「作品」「虚構」という六つの側面がある（図表3-2）。これらはもちろん複雑かつ微妙に絡み合っていて、どこからどこまでが「情報」で、どこからどこまでが「知識」か、という合理的な区分はできないうえに、概念規定もいろいろあるのだが、それぞれにおける商品特性や消費特性をいったん分析したうえでの議論は、それなりに実りも生まれるものと思われる。

以下では、コンテンツの六つの側面からみた商品特性と、その効果に関する概要を示す。

第一に、コンテンツは情報である。

消費にあたって一定の時間を必要とするのが、情報財のひとつの特性である。コンテンツは、ブランド接触の時間を拡張するとともに、そのプロセスを演出することができる。また、情報の本質は「無形性（intangibility）」であるが、昨今の技術においてはデジタルデータとして保存や流通、改変が容易になっている点が特徴的だ。さらにここで「可変性」という性格に

◉図表3-2 コンテンツの特性◉

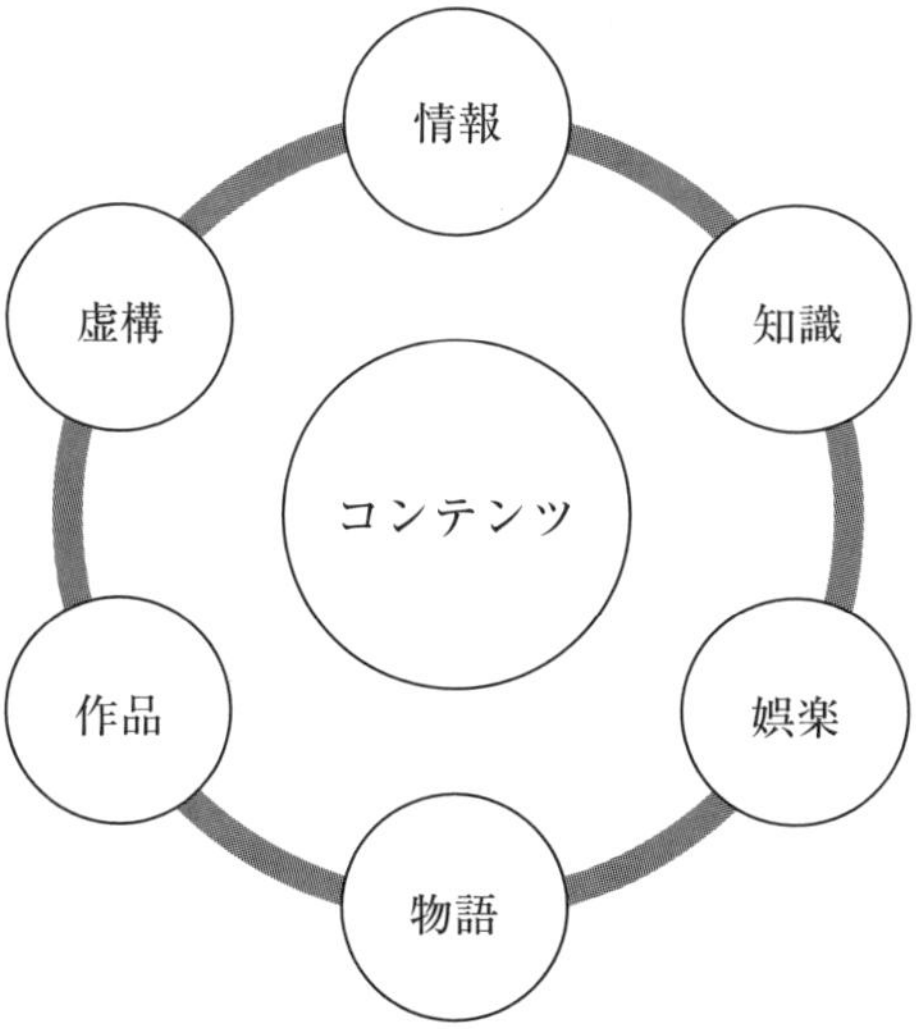

も注目する必要がある。コンテンツは、マンガから映画、小説からドラマといったように、ジャンルを超えた形でリリースができるし、消費者は複数の情報形式で享受することができる。

第二に、コンテンツには知識という側面がある。

コンテンツは、意味やメッセージを伝えるテキストである。これらは、既存の知識や認識に働きかけ、なんらかの学習効果をもたらす。特に、ノウハウや使い方といった「手続き的知識」の伝達に優れる点に特長がある。またコンテンツは、消費者の既存知識に働きかけることで、馴染み感や続編への期待感などを形成することもできる。さらに、コンテンツを通じて獲得した知識が、関心を拡張させ、新たなる消費を生み出す可能性もある。そしてコンテンツは流行文化として、タイトルや存在そのものが社会的な知識の一環として位置づけられることも多い。

第三に、コンテンツは娯楽である。

多くのコンテンツは注目されること、楽しませることを目的に制作されるため、表現そのものに予め有徴性が存在する。したがって、ブランド・エクイティの基盤である「セイリエンス（顕著さ）」形成に寄与する可能性が高い。また、消費者の情緒に訴え、感動・痛快感といった快適な体験をもたらすこともある。コンテンツへの没入度の高さによる効果も見逃せない。さらに、娯楽として気軽に接触されるため、メッセージ内容への心理的抵抗感を緩和させることにもつながる。

第四に、多くのコンテンツは物語という形式をとる場合がある。

物語固有の文脈や世界観の中に位置づけられたアイテム（ブランド）は、エピソードや雰囲気といった〈文脈〉を伴いながら記憶されていく。通常物語には、主人公（あるいは感情移入できる登場人物）が登場する。この主人公による代理学習を通じて、消費者は自らの潜在欲求をバーチャルな場で満たすことができる。もちろんそれは、主人公への模倣や追体験によって現実的な場での実現にもつながっていく。また、物語に登場するアイテム（ブランド）は「自己拡張」「自己保持」「自己変革」「自己報酬」といったシンボリックな機能を持つ存在として顕れる。さらに物語には、消費行為における他者との共通性を認識させるとともに、現状や未来を肯定する機能もある。そして物語は、消費者による「語り直し」を促進し、それは俗に呼ばれるクチコミへと波及するのである。

第五に、コンテンツは（芸術）作品という面もある。

コンテンツは、ジャンルが多様であり、タイトルは唯一無二である。そのため、強い嗜好選択性や高い関与性を生み出す。作品の著者の存在は、作者関与を生み出し、この作者をレバレッジ（梃子）とした消費の拡張を生み出すこともある。コンテンツは著作権を持つ一方、公開された段階で準公共財的な性格を帯びるため、アーカイブ化の対象となる。作品として後世まで残れば、その外部効果も温存されることになる。

第六に、コンテンツは虚構という性格を帯びるケースも多い。

コンテンツにおいては、作者によって構築された独自の世界観があり、その世界観そのものが消費や参加の対象となる。これは企業と消費者のみならず、プロジェクト関与者の間での強い精神的支柱となる可能性を持つ。また虚構表現のオリジナリティは、消費者による追創作やパロディへのスキームを与える可能性もある。
次章では、このように「情報」「知識」「娯楽」「物語」「作品」「虚構」という六つの側面からコンテンツの商品特性を捉え、それらが消費者に贈与された際の効果を考察してみたいと思う。

【注】

(1) 李為・白石善章・田中道雄『文化としての流通』同文舘出版、二〇〇七年。
(2) 伊藤正義「市庭の空間」『中世商人の世界』日本エディタースクール出版部、一九九八年。
(3) 沖浦和光『インドネシアの寅さん』岩波書店、一九九八年。
(4) 渡辺京二『逝きし世の面影』平凡社、二〇〇五年。
(5) 内田樹「街場のメディア論」光文社、二〇一〇年。
(6) 岡本慶一「方法としての広告・方法としての文化」『日経広告研究所報』二四九号、二〇〇九年。
(7) クリストファー・アンダーソン『フリー～〈無料〉からお金を生みだす新戦略』日本放送出版協会、二〇〇九年。
(8) David M. Scott & Brian Halligan, *Marketing Lessons From the Grateful Dead*, Wiley, 2010.
(9) 浜野保樹『表現のビジネス—コンテント制作論』東京大学出版会、二〇〇三年。
(10) 河島伸子『コンテンツ産業論—文化創造の経済・法・マネジメント』ミネルヴァ書房、二〇〇九年。
(11) 新井範子・福田敏彦・山川悟『コンテンツマーケティング』同文舘出版、二〇〇四年。

第4章　ブランドコンテンツの効果仮説

❖——●情報としてのブランドコンテンツ

コンテンツの性格を論議するにあたり、まずは「情報」としての面に焦点を当ててみたい。「情報」という言葉は、定義によってさまざまな意味を持つ。ここでいうところの情報とは、「モノ」や「サービス」と異なる形式の商品形態、つまり情報財という程度の位置づけである。意味（記号性）を伴うメッセージという視点については、「知識」や「物語」のパートで考察する。

情報財としてのコンテンツの性格として、まずは「時間消費性」という面を指摘できる。映画やドラマを観る、音楽を聴く、小説やマンガを読む……という行為においては、ある程度のまとまった時間が消費される。よって、コンテンツを活用したマーケティングの基本は、消費される時間に注目した戦略ということになる。コンテンツは、ブランド接触体験の時間を拡張したり、演出したりすることに寄与するのである。これは、サービス財と類似した性格を持つことから、サービスマーケティングの考え方を援用することもできる。

そして、情報財としてのコンテンツには「無形性」「可変性」といった、データとしての性格もある。

コンテンツは、デジタルデータとして顧客に配信することが容易であり、それが顧客の手元に残ることで、保存・編集・再発信の対象となる。顧客にとって「見る・聞く」情報であるだけでなく、「使える」情報になってくるわけだ。さらにコンテンツは、さまざまなメディアやさまざまな表現形式での流通が可能である。ワンコンテンツ・マルチユースの法則が成り立ってくるのである。

まずはこうした観点から、ブランドコンテンツの効果を眺めていくことにしよう。

◉図表4-1　①情報としてのコンテンツの効果◉

接触時間の拡張効果
消費者のブランド情報接触時間を拡張することができる

接触時間の演出効果
消費者のブランド接触のプロセスを演出することができる

顧客による保存・編集・流通効果
消費者の手元に残り、手を加えたり、他者に伝えたりすることができる

マルチウィンドウ効果
さまざまな表現形式で、消費者にメッセージを伝達することができる

❶接触時間の拡張効果

コンテンツの無償供与による物理的な見返りとは、顧客の生活時間の一部を獲得することである、という見方も可能であろう。今日、供給される総情報量に対する消化率の低下が指摘されている。そうした中で、自社発の情報に費やす顧客の時間を獲得すること、つまり顧客の「可処分時間」をどう奪うかは、マーケティング課題のひとつと目されている。

一方、ブランディングという観点からすれば、広告という限られた枠の中ではブランド価値を表現しきれない場合も多い。これまでも、広告主サイドからそうした不満はあったが、最近では、ブランド価値を主題としたショートフィルムを制作し、それらを自社サイトや動画サイトで配信するという手法を採ることも可能になってきた。マス広告では「続きはウェブで」というメッセージを残し、キャンペーンサイトに誘引する手法も、いまや常套手段のひとつといえる。

〝ショート〟フィルムとはいうものの、視聴にあたっては数分から数十分という、ある程度のまとまった時間を要することになる。通常の広告枠でこれだけのブランド接触時間を成立させようとすれば、多大なコストがかかるのは言うまでもない。

二〇〇七年一二月から一年にわたり、「ヤッターマン×トウシバ」と称したキャンペーンが東芝サイトを軸に展開された。「レグザ」や「クワイエ」といった同社のブランドが「東芝メカ」として登場するヤッターマンのオリジナルアニメを制作し、スペシャルサイトで商品特徴を楽しく伝える工夫を試みた。もともと、エンタテインメント性に欠けるウェブサイト改変が同社の抱えていた課題で、三〇代~四〇代を中心とする親世代が子供と楽しめるコンテンツを志向していたところ、主人公の一人が電気屋さんの娘という設定の『ヤッターマン』の起用が候補に挙がったということである。ドクロベエとチャットができるコーナーなども開設し、サイトのエンタテインメント性を高めたところ、月間平均で八〇――一〇〇万ページビュー、サイト滞在時間の倍増（東芝サイト平均の四分に比べ、アニメサイトは一〇分以上)、商品サイトへの高誘引率（六―七％）という効果があらわれたといわれる。本企画は、家電量販店での店頭販促にも拡張され、販売促進にも寄与したという[1]。

広告理論においては一般に、広告のフリークエンシィ（到達頻度）が、単純接触効果を生み出すとされる。つまり、何度も接触しているブランドは認知され、好感度も高まりやすいということである。しかしブランドコンテンツの場合、たとえ一度の接触体験でも、高いレベルの認知度や好感度をもたらす可能性がある。なぜならブランドコンテンツは広告と違って「見させられている情報」ではなく、消費者自らの選択による能動的な情報接触行為であり、鑑賞という一期一会の体験をもたらすことも可能だからだ。

ただし、ここでの前提は「見てくれれば接触時間拡張の効果が発生する」ということである。よって、長時間見てもらえるだけのクオリティを担保できるかどうかがまず、何よりも大きな問題である。今日、本を読む時間やゲームをプレイする時間が減少傾向にある、といった調査データ（いずれも「C-NEWS」によるネット調査二〇〇九）も出てきている。消費者側にも時間の余裕がなくなっている中で、それでもなお、すすんで見てもらえるだけのコンテンツの質が問われている時代といえよう。

さらには、わざわざ見に来てもらうための工夫や導線が必要なのは言うまでもない。ウェブコンテンツを見てもらうためにテレビCMなどのマス広告を大量に投下するメディアミックスは、かつては「ネットへの取り組みに先進的」といったイメージを形成するためにも有効であったかも知れない。しかし今日の多メディア社会では、それはむしろ、本末転倒とも言われかねない。当初は動画投稿サイトで限定配信してファンの気持ちに火をつけるなど、導線部分の「コミュニケーション・デザイン」もまた、意識してみたいテーマのひとつである。

❷接触時間の演出効果

スーパーマーケットや家電量販店などでは、来店客の購買意欲を煽るようなアップテンポの曲が流されることが多い。飲食店でも、客の回転率を上げたい場合は、早いテンポの曲を流す方がよい、といった説もある。

これらは、音楽の販売促進向けの活用事例だが、一方で、ブランド体験を演出するために音楽が活用されるケースもある。店舗やショウルームなど、企業側が管理可能な環境下で、商品提供と一緒に、ブランドの世界にマッチした音楽を流すといった方法がそれにあたる。

スターバックスの店内におけるアートやBGMなどは、ブランド体験の時間をコンテンツで演出したケースとみなしてよいだろう。同社では、コーヒーの芳醇な香り、店内の装飾や色使い、照明の明るさ、ソファーの座り心地、コーヒーカップの手触り……など、スターバックスの店舗でしか味わえない独特の五感体験をデザインすることで知られている。とりわけ、店内で流れるBGMは米国・シアトル本社で選曲され、そのCDを店頭販売するなど、いわゆる「スターバックス体験」のシンボルとして位置づけられている。

飲食店や小売、サービス業などにおいては、このように音楽とビジネスとを組み合わせることによって、ブランド体験を演出していくことが可能である。ただ、ブランド体験の価値を上げるためのコンテンツは、音楽だけとは限らない。書籍や映像、ゲームなどが活用されるケースもある。

アサヒビールは「ニッカ・ブレンダーズ・バー」（東京都港区）において「バー読」と称し、ウイスキーを飲みながら読書を楽しむ空間を提供している。店内では、ウイスキーと「相性のいい本」とのセットメニューを出し、ニッカ商品のブランド体験を深めるための時間演出を施している。例えば「王者のやすらぎ」というメニューは、ブレンダーズ・ウイスキーNo.4とレイモンド・チャンドラー著『大いなる眠り』の組み合わせである。こうしたメニューを常時一〇種類ほど、用意しているという。コンテンツは無償の贈与と述べたが、このように物財とコンテンツとのバンドリングによって新たな商品化が図れるケースもある。

一方ＢＭＷでは、ショウルームをブランド哲学体現の場とする戦略の一環として、「ＢＭＷインタラクティブ・ビジョン」を導入している。これはショウルームに設置された五〇インチのプラズマディスプレイで、訪れた顧客がドイツ本社発のブランドメッセージの視聴や、バーチャル車両体感などができるというものだ。商談時に活用するだけでなく、配置した販売の現場に、ＢＭＷのブランド理念を浸透させる役割も果たしている。

くら寿司（くらコーポレーション）店内では、ニンテンドーＤＳ向けに、アニメやゲームなどのコンテンツ配信を行っている。これは、来店する子供たちに待ち時間を楽しんでもらおうとする目的で実施されているものだが、電子マンガ『回転むてん丸』では、食品添加物を一切使用しない同社の企業理念を伝達する内容となっている。

こうして、あくまで企業サイドが管理可能な環境においては、ブランドとコンテンツとを巧妙に組み合わせ、消費者のブランド体験の時間を演出していくことは十分可能である。ただし問題は、消費者の手に商品が移ってからあとの話だ。ブランドの利用シーンをコンテンツで演出するためには、消費の場に直接アプローチしなければならない。

そこで、消費者の保有する情報機器に働きかける手段がクローズアップされてくる。ナイキとアップルによって生まれた「Ｎｉｋｅ＋ｉＰｏｄ」は、ユーザーの手に移った後のブランド体験の演出が可能になったことを示す格好の事例といえよう。本商品は、ランニングシューズにセンサーをセットすると、ユーザーの保有するｉＰｏｄと連携し、エクササイズの記録をとってくれる機能を持つ。ただそれだけでなく、ランナーが自分で自分を励ます「パワーソング」を設定すれば、苦しいときのモチベーションアップのために聴けるという仕掛けになっている。

「バー読」を仕掛けたアサヒビールでは、ウイスキーとマッチするショートストーリーやジャズを視聴できるｉＰａｄ向けアプリケーション『バー読 IN MY ROOM』の配信をスタートさせた。ウイスキーに最もマッチする「おつまみ」とは、良質な大人の物語と音楽という提案である。

また、森永製菓では「カレ・ド・ショコラ」のパッケージ部分をアンドロイド端末で撮影すると、一〇分余りのショートフィルムが視聴できるプレミアム・キャンペーンを実施した。バレンタインデーというタイミングに相応しい映像作品との接触により、ギフトの場を演出しようとする試みであった。

このように、携帯電話をはじめとして、音楽プレイヤーやパソコン、さらには電子書籍といった情報機器などが、コンテンツ連動型の消費に一役買う時代がやってきている。

コンテンツの存在は、顧客のブランド接触時間の拡張や演出、顧客の接触体験の他者との共有、といった経験価値を生み出すことができる。サービス財のマーケティングにおいては、「結果だけでなく、消費プロセスの質が求められる」という観点から、サービスを提供する時間や空間の付加価値を重要なエレメントと捉えるべきだとする。サービスだけでなく、物財においても、商品を消費するプロセスの楽しさをどうもたらすかは、非常に重要な課題である。その消費プロセスにブランドコンテンツが介在することで、単なる商品利用の時間が、良質なブランド体験の時間になっていく可能性が高まるのである。

ドイツの文化哲学者ペーター・コスロフスキーは、ポスト・モダン社会における消費のあり方とは、「カルチャー」「消費」「レジャー」がジョイントされたものであると指摘した。(2) 消費財とユーザーとの情緒的関係を打ち立てるなんらかの文化的要素がないと、それは今日における「消費」とはなりえない、ということである。消費の場に、文化の彩りを与える仕掛けこそが、今日の消費社会におけるマーケティングの本質なのだ。

これまでは、プロダクトデザインやパッケージ、ロゴマークやブランドカラーなどのブランドエレメント、そして広告宣伝などが、ある程度そうした役割を果たしてきたともいえる。しかし、それらだけでは限界があるし、伝え切れないものも多い。顧客の消費の時間に、文化的彩りをダイレクトに与えるコンテンツの存在が有力視されてくるのは、当然の成り行きといえるだろう。特にこれからは、ユーザーが保有するパーソナルメディアに働きかけるような形でブランド消費体験を促すといった「アフターマーケティング」策が、続々と生まれてくるものと考えられる。

❸顧客による保存・編集・流通効果

情報財の性格のひとつとして、「無形性（intangibility）」を挙げることができる。今日の技術においては、あらゆるコンテンツをデジタルデータとして保存することが容易になってきた。動画や静止画、音楽においてはすでに、パッケージ系のメディアは時代遅れとなりつつあるし、書籍に関しても電子書籍の登場が、デジタル化を加速させる要因になるものと目されている。

ただし、こうしたデジタルデータとしての保存、さらにユーザーによる時間差視聴傾向が「CM飛ばし」などの状況を引き起こし、それゆえにマスメディアを使った広告の効果が低下しつつあるのではないか、という指摘もある。特に、連続視聴の傾向が強いテレビドラマにおいては、せっかくコンテンツが保存されたとしても、見る際にCMが飛ばされるのであれば、スポンサードするメリットは乏しい。プロダクト・プレースメントのような形で、ドラマ本編の中に広告的要素を入れ込んでいこうとする傾向が強まってきたのには、そんな背景もある。

しかし一方、ウェブの世界では、ユーザーによる「コンテンツの保存」をあえて狙った戦略が注目を集めている。その一例として、ブログパーツを活用したマーケティング手法があげられる。すでに紹介したが、ブログパーツ「ユニクロック」を使った、ユニクロのグローバルプロモーションなどは、その典型例である。博報堂のクリエイティブディレクター・須田和博は、広告が見てもらえなくなってきた中で、こうしたブログパーツの活用事例など「使ってもらえる広告」の持つ大いなる可能性を示唆している。広告は見てもらえないのなら、使ってもらえばいいではないか、という提案である。(3)

ブログパーツが単なる「バナー広告」であるならば、誰もわざわざ自分のブログに貼り付けて、保存しようとはしないであろう。ブログパーツは、自分のブログを訪問した人たちにも見てもらいたい、誰かと好みを分かち合いたい、自分のセンスが認められたい……という欲求を生じさせるような情報価値によって成り立っているといえる。

ブログパーツの場合、ユーザーによる保存効果は、設置したブロガーによる繰り返し接触というよりも、保存されたコンテンツを「ブログ訪問者向けの広告」として再活用する部分にあった。つまりブログパーツは、ブランドの価値を認めたユーザーによって、Ｃ ｔｏ Ｃのコンテンツというポジションへと進化していくのである。「企業発の情報よりも、友人知人から得た商品情報を信じる」という今日のコミュニケーション環境において、影響力の強いブロガーのお墨つきを得たブランドになる意義は大きい。

さて、保存のさらに先には、ユーザーによるコンテンツの編集や改変といった展開が待っている。これもまた、「情報としてのコンテンツ」の宿命であり、無論リスキーな面もあるが、逆に強みにしていくこともできる。

ニワンゴが運営する「ニコニコ動画」のユニークさとは、視聴している動画に対して、ユーザーが自由にコメントを入れられるという点にあった。そのコメント入りの動画は、ユーザーによる独自の視点が挿入されているという意味で、すでに編集されたコンテンツだと解釈してもよいだろう。こうした動画サイトなどを活用すれば、自社発のコンテンツをユーザーに「いじってもらう」ことができる。こうして、ブランドへの参加性や高い関与性を生み出すことにより、マーケティング効果を上げていこうとするのは、非常に有力な策のひとつである。

頓知・（トンチ・ドット）社が開発した「セカイカメラ」は、スマートフォンに内蔵されたデジタルカメラが景色を映し出したときに、画面上の対象物（建物・看板など）に関連する「エアタグ」が重ねて表示されるシステムである。エアタグとは、利用者が対象物につけ加えた文字・画像・音声などの情報で、それらを他の利用者が閲覧することもできる。企業による利用も可能になったため、例えば本社社屋や店舗の景色に広告メッセージを入れたり、ＣＭタレントやキャラクターの画像エアタグを組み込んだりするような仕掛けにも発展していくはずである。

もちろん、エアタグで組み込める情報がブランドコンテンツになりうるかどうかは、いまのところ未知数である。ただ、このような技術が進展していくことで、企業が提供するブランデッド・ガジェット（という言葉もそのうち登場してくるであろう）をユーザーが適当にカスタマイズし、オリジナル作品としてブログやホームページなどに公開する、といった展開も容易に予想される。

著作権の存在するコンテンツに対するユーザーの編集行為は、確かに法的な問題も残されているし、パロディや批判、罵倒にさらされる可能性もおおいにある。ただしそれを一方的に拒否しているだけでは、ＣｔｏＣのブランド・コミュニケーションなど成立しないと思ってよい。ゆるやかな編集レギュレーションを示すなど、むしろ改編可能な環境を整えるような工夫を優先すべきである。「見たら終わり」「言いたいことを伝えたら終わり」ではなく、「使って遊んでもらえるコンテンツ」を目指すほうが、今日の情報環境においては遥かに得策なのは、いうまでもない話だ。

デジタルデータとしてのコンテンツは、一次ユーザーによる保存や編集を容易なものにする。さらには、一次ユーザーが主体となった再発信により、二次ユーザー、三次ユーザーへと情報の広がりをもたらすことができるのである（図表4-2）。

◉図表4-2　デジタルデータとしてのコンテンツの強み◉

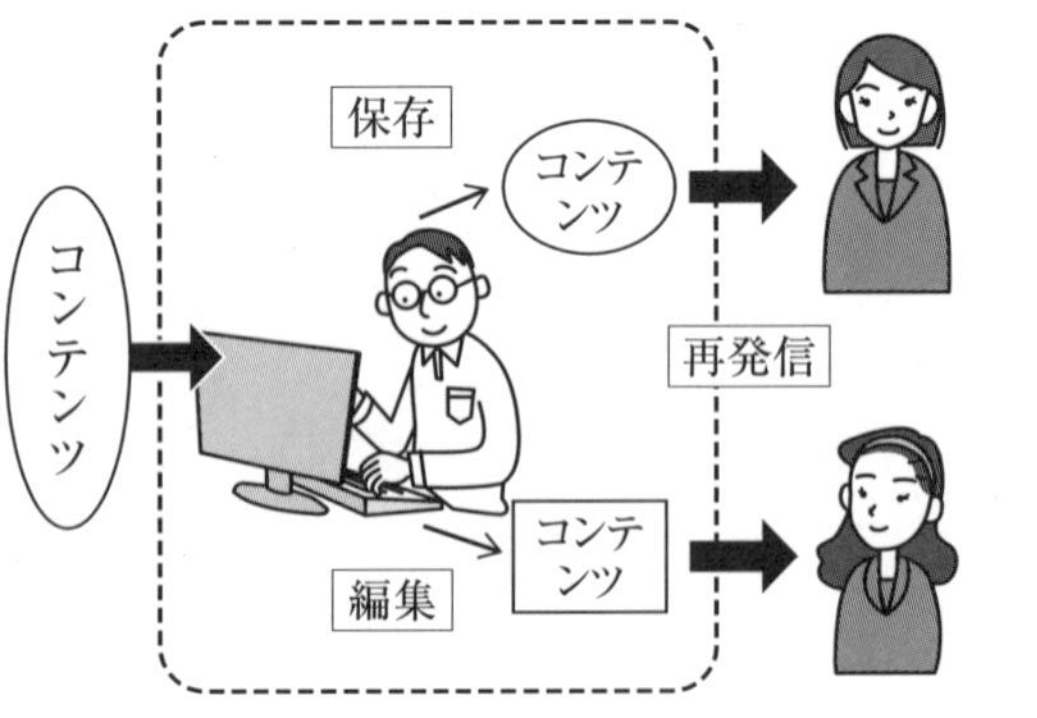

❹マルチウィンドウ効果

コンテンツ財には、「可変性」という性格もある。

例えば映画は、映画館で上映されるだけでなく、DVDやテレビ放送、インターネット配信といったさまざまな形で消費者の手元に届く。またコンテンツは、マンガから映画、小説からドラマといったように、ジャンルを超えた形でリリースができるし、消費者は複数の情報形式で享受することができる。映画産業におけるDVD販売など、このような二次利用によって利益を生み出すビジネスモデルを採用しているケースも多い。

ただしこうした「ワンコンテンツ・マルチユース」の法則は、広告業界においてはむしろ「メディアミックス」という名で、一種の常套手段とされてきた。ひとつのコンテンツを核に、複数のメディアやプロモーション手段を組み合わせて、首尾一貫したキャンペーンを組み立てようとするのがIMC（Integrated Marketing Communication＝統合マーケティング・コミュニケーション）の基本理念であるとすれば、IMCもまた、コンテンツ主導型のマーケティング発想であろう。

あえて俗っぽい言い方をすれば「ひとつのネタで転がす」ことで、多元的な接触効果を上げようとするのが、このマルチウィンドウ戦略である。かつては、新聞・テレビ・ラジオ・雑誌といったマスメディアによるメディアミックスが広告会社の「パッケージ提案」ともなっていたが、今日ではマスメディアの広告とウェブコンテンツとの連携が常識化されつつある。

ライフカードのキャンペーン「カードの切り方が人生だ」（二〇〇五年三月～）は、テレビとウェブとのメディアミックスで話題となった好例である。オダギリジョー主演の物語型CMをテレビで放映し、その「続き」を見たい人をウェブに誘引する狙いで展開された。「続き」のキャンペーンサイトでは、「打算」「勇気」「調査」「本音」などと書かれた四つのカードが掲示されており、それぞれの選択に応じた続編を視聴することができるという仕掛けである。二年間で、サイトの登録者数は一、三〇〇万人にも達し、単に知名度アップや話題づくりにつながっただけでなく、クレジットカードの契約獲得にも直結したといわれる。

ひとつのコンテンツを異なるチャネル、異なるタッチポイントで露出することで、プロモーション効果を上げようとするケースもあらわれてきている。東映アニメ、博報堂DYMPらが制作委員会方式で展開した『京浜家族』（二〇〇九年）は、京浜地区に住むト津川聡氏の家族を主人公に、実在する店舗や施設が登場するストーリーだ。地域限定・一業種一社制でスポンサーを募り、携帯コンテンツやTVKの番組として配信したほか、高速道路サービスエリアのフリーペーパー、映画館のマナームービー、CDジャケットといった、さまざまなメディアにも登場させた。「あのマンガ」が、あちこちでお目見えする、といった接点づくりを志向した事例である。

今日の消費者、特に若年層においては、テレビを見ながらPCにアクセスする、あるいは携帯電話にアクセスしながらテレビを見る、といったダブルウィンドウ型の視聴行動が目立つ。そして、こうした「ながら視聴」への対応として、テレビとネット、あるいはテレビとモバイルといった複合的な配信を試みるケースもあらわれてきている。BS朝日で放映したドラマ『ラストメール』（二〇〇八年）では、亡き父親から娘にメールが送られるというシーンで、受信登録した視聴者にも同じ内容のメールが届くサービスを実施した。これは、デジタル放送黎明期としての実験的な試みではあるものの、マスメディアとパーソナルメディアの組み合わせによる相乗効果を狙った手法として、注目しておきたいところだ。プロダクト・プレースメント・タイアップで露出した商品を、ネットや携帯電話で即時購入できる仕組みが本格的に検討されているのも、こうした背景を前提としている。

ただ、ここでいう可変性とは、ひとつのコンテンツを多様な形式のコンテンツやメディアに変化させるというだけではない。例えば、コンテンツに登場したキャラクターをグッズ化するといった伝統的な手法もまた、可変性のメリットであろう。

ソフトバンクモバイルの二〇〇九年春のプレゼント・キャンペーンでは、CMに登場する「お父さん（犬）」のオリジナルグッズをプレゼントした。その内訳は、Tシャツ、ストラップ、スリッパ、目覚まし時計などで、よく考えればごくありふれた景品ではあるが、これらもコンテンツ（物語広告）との関わりがあるからこそ価値が生まれてくる。例えばその中の目覚まし時計は、CMの中で「お父さん」が話す言葉（北大路欣也の声）で起こしてくれるものだが、もともとのCM自体を知らなければ何の面白味もないわけである。

このように、ひとつのブランドコンテンツは「使いまわし」の利く素材であり、多様な展開を生み出すプロモーションの温床であるといえよう。

◆知識としてのブランドコンテンツ

コンテンツには、知識という側面がある。

マーケティング活動、広報活動においては、企業側の知識をわかりやすく消費者に伝達することが大切である。多くの企業ホームページに掲出されたコンテンツが、そのような目的で制作されているのは、言うまでもない。

「広告」は、ブランドに関する知識の認知・理解を促進する役割があるとされ、広告効果もそうした視点から考察されてきた。しかしコンテンツを「知識」と捉えた場合、その効果を考察する上で、これまでとは異なる切り口も必要かと思わ

◉図表4-3　②知識としてのコンテンツの効果◉

手続き的知識の伝達効果
商品の使い方など、ノウハウに関する知識を伝達することができる

偶有性形成効果
消費者の知識に働きかけて、親近感や期待感を形成することができる

関心拡張効果
コンテンツを通じて提供した知識によって、新たな知識獲得欲求を生み出すことができる

話題設定効果
コンテンツの存在そのものが、社会的な知識＝文化や風俗として流通する

れる。

まずは、商品の使い方や楽しみ方といったタイプの知識を伝達できるという効果。次に、顧客の既存知識に働きかけて、親近感や期待感を形成するという効果もある。さらには、コンテンツを通じて得られた知識が、新たな知識獲得欲求をもたらすといった効果。最後に、コンテンツの存在そのものが、社会的な知識＝文化や風俗として位置づけられていくという効果である。

ここではこうした「知識」にまつわる諸効果について、考察してみたい。

❶手続き的知識の伝達効果

コンテンツは、意味やメッセージを伝えるテキストである。

これは消費者に新たな知識を与えるだけでなく、既存の知識や認識に働きかけ、なんらかの学習効果をもたらす。いわゆる認知、理解を促進する効果である。

知識を「宣言的知識（knowing that）」と「手続き的知識（knowing how）」とに分類する考え方がある。これにならえば、マーケティング・コミュニケーションにおける宣言的知識とは、ブランド名や商品スペック、機能、価格などである。一方、手続き的知識とは、商品の使い方・楽しみ方・買い方といった面となろう。商品名連呼型の広告やカタログ情報などは、前者のタイプの知識伝達を得意とする。これまでの広告効果の考え方においては、どちらかというと宣言的知識の伝達に焦点が当てられてきた。しかし、商品名を幾度も伝えたところで、真のブランディングに繋がるわけではない。

これに対し、コンテンツを使った場合は、手続き的知識の伝達が可能となる。どう使うか、どんな楽しみ方があるのかなど、テレビCMや新聞広告の範囲ではなかなか伝えきれない知識を、動画やアニメ、小説などの形式で表現することができるのである（図表4-4）。

一九九〇年代のことになるが、ミニ四駆（タミヤ）やベイブレード（タカラトミー）といった玩具が、大ブームを引き起こしたことがある。コミック誌・テレビアニメなどを通じて実施した、商品の使い方、ルール、改造方法などを伝達するプロモーションが功を奏した事例といえる。むろんこれらの商品においては、デフォルト仕様でも、ユーザーは十分に楽しむことはできた。しかし、パーツの組み合わせや改造といった創意工夫によって、デフォルト商品をユーザー独自の仕様に変えていくところが魅力とされたのである。ストーリーの中には、オリジナル改造の事例や、そのノウハウが毎回のように紹介され、コミック誌の読者層である子供たちだけでなく、その親をも熱狂させる社会現象を引き起こした。

昨今、さまざまなファッション・ブランドが、商品紹介に付録をつけた雑誌「ムック本」を刊行し、

◉図表4-4　宣言的知識と手続き的知識◉

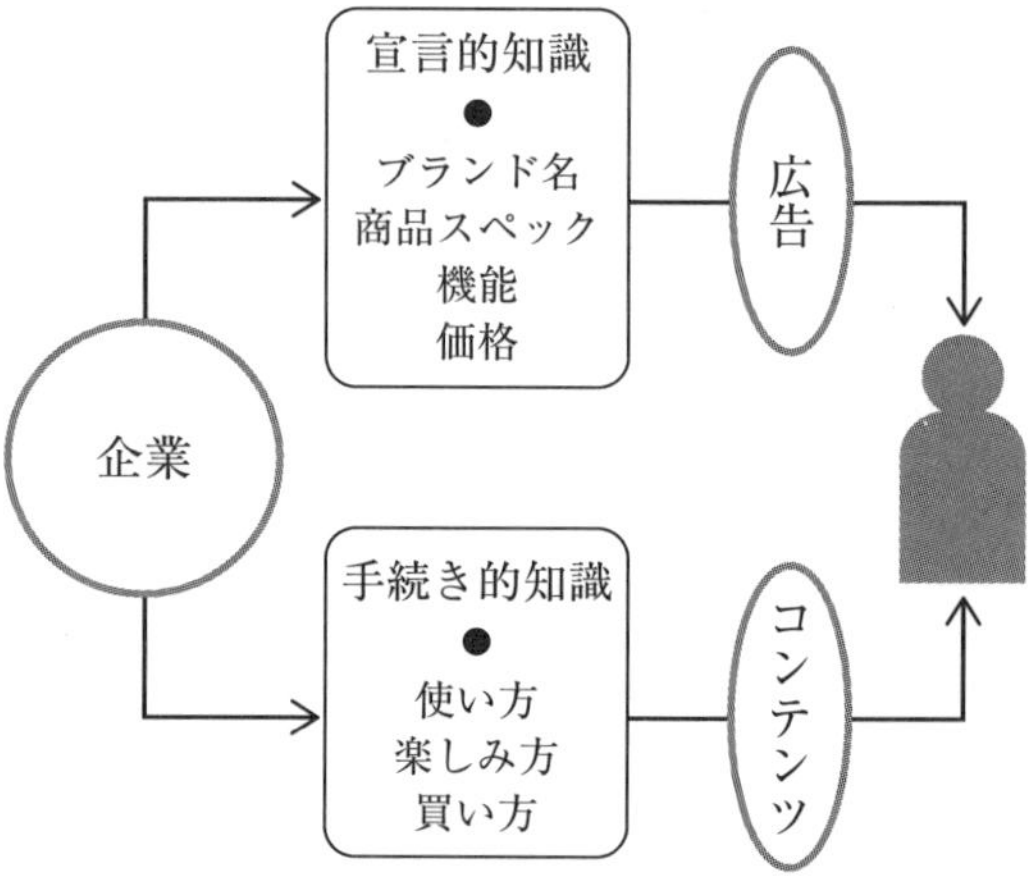

大きな反響を獲得している。例えば、二〇〇九年に宝島社から刊行されたブランドムック『イヴ・サンローラン』は、近年の出版不況をよそに一〇〇万部を完売した。また同じ年に、ナルミヤ・インターナショナルも新潮社と組み、『西内まりや×リンジィ　ブランドおしゃれBOOK』を刊行、中学生向けで九八〇円という価格ながらも、印刷した三万部がほぼ完売してしまった。本冊子の中で試みたコーディネート提案は、店頭販売にも影響を与えているとのことである。これらは、アイテムの種類や価格を紹介する単なるカタログにとどまることなく、読み物や着こなし術、周辺アイテムとのコーディネートパターンなど、いわゆるライフスタイル情報を付加することで成功している例であろう。このようにブランドコンテンツは、「何がどうであるか」だけでなく「どのように使うか」「どのように楽しむか」という、消費生活におけるノウハウをスムーズに伝えることができる。

日本旅行が展開する『めづめづ和文化研究所』（情報センター出版局）は、京都旅行の体験を、マンガで紹介した作品である。茶道や和菓子づくり、座敷遊びなど、ノウハウや作法が必要な「和」の遊び方を紹介する内容となっている。日本旅行では、本作品の中に登場する体験プランをオプショナルツアーとして商品化し、販促にも繋げている。旅行業界は昨今、「体験型」に人気が集まっているが、その体験型ツアーを事前にシミュレーションできるツールが必要なのである。

こうした手続き的知識の伝達は、日用品のマーケティングにおいても求められることがある。ライオンでは、おしゃれ着用洗剤「アクロン」のキャラクターに、おしゃれに関心のある社長令嬢「洗濯ヨシ子」（一条ゆかり・作）を設定したプロモーションを行った。主人公の洗濯ヨシ子は「昭和五一年、東京都荒川区西日暮里生まれで、繊維商社の社長令嬢」という設定となっている。このヨシ子を主人公としたストーリー『洗濯ヨシ子と申します！』をウェブで公開するとともに、広告や販促イベント等にも登場させた。

ただし同社では、本キャラクターを広告用の単なるアイキャッチャーにとどめるのではなく、さらに発展的な活用を試みている。例えば「洗濯ヨシ子の素敵なヒミツ」と題して、ヨシ子が執筆する（という設定の）ブログやツイッターなどを展開、洗濯や洗剤に関するさまざまなノウハウの提供を試みている。

ちなみに二〇一〇年三月三日のブログでは、次のような書き込みがある。

「漂白剤には塩素系漂白剤と、酸素系漂白剤の二種類ありますのよ。おしゃれ着には〝酸素系〟で！〝塩素系〟漂白剤は白物以外はダメですわよ。」

従来、アクロンの顧客層は四〇代以上の主婦が中心であった。本商品を、商品の利用経験の浅い若年層にも拡張しようとすれば、家事のベテランなら常識とされることでも、丁寧に説明していかなければならない。しかし、それらをいちいち広告の中に組み込むのは無理がある。また、利用方法を教条的に示すのも、拒否反応が生まれる可能性がある。こうしたコンテンツ型のコミュニケーションは、手続き的知識をソフトに伝え、見る側も楽しく学べる状況をつくっているといえそうだ。

なお、ライオンの藤重貞慶社長も、これからはブランドを育てることを課題と受け止め、商品機能をアピールするだけでなく「共感や人間の五感に訴える」ような物語マーケティングが重要、と語っている[4]。

よく「ブランドが理解されたかどうか」という議論がなされる場合がある。その際、ブランド名や商品スペック、商品機能といった宣言的知識の伝達をもって「理解」だとするのは、大いなる勘違いである。従来のマス広告が、そうした宣言的知識の伝達を得意とするから、そうした広告効果測定がなされているだけの話であって、そこに本来のコミュニケーション目標を置いてよいかどうかは別問題だ（広告会社と宣伝部はそれでよしとすることもあるのだが……）。ブランドの何を理解してもらうべきか、あるいはブランドの何が理解されて何が理解されていないのか、をまず整理してから議論を進めるべきであろう。

❷偶有性形成効果

コンテンツには「知られなくても、知られすぎていても売れない」（浜野保樹）という特性がある。内容の新奇性が強すぎてもついていけないし、新奇性が乏しすぎても退屈に感じるという事態は、行動科学や心理学においてもすでに説明されている。ほどよく既知、ほどよく未知がちょうどよい、ということである。

脳科学者の茂木健一郎は、「安全で予想できること」と「チャレンジングで新しいこと」が混在する不確実な状態を「偶有性」と呼び、これが脳にとって最も快感の生まれやすい状態であると指摘した[5]。ブランドコンテンツによるコミュニケーションにおいては、この「偶有性」を考慮に入れた戦略が有力と考えられる。

その典型は、よく知られたドラマや映画と同じ設定で制作するテレビＣＭであろう。「あ、この話知ってる」という状態を作り出し、注目度や興味を高める手法である。

旭化成がドラマ『ガリレオ』の設定そのままで企業広告を制作した例、資生堂ＵＮＯが『木更津キャッツアイ』の登場人物でテレビＣＭを制作した例など、人気ドラマのフォーマットを借用した広告は、消費者の心の中にある「既知の情報」を活用した戦略といえる。ただし、既に知っている情報そのままではなく、既知の情報に多少のアレンジが加わっていることで、この「偶有性」が発揮される。

一方ブランドコンテンツは、既知のコンテンツに対する、馴染み感や続編への期待感を形成することもできる。いわゆるシリーズ化による効果である。

江崎グリコ「ＯＴＯＮＡ ＧＬＩＣＯ」のテレビＣＭは、『サザエさん』の主要登場人物たちが、二五年後の姿で登場する。苦労して社長になったイクラちゃん、エレベーターガールのワカメちゃん、なぜか地元を離れようとしないカツオくん……といったように、ひとりひとりの成長の過程が少しずつわかっていくところが話題を呼んだ。本シリーズにおける表現の特性は、完全なフォーマット借りでもなく、また完全なオリジナルでもない、という点にある。『サザエさん』という「消費者の側にあらかじめ存在する知識」に対して働きかけたからこそ、馴染み感と期待感とを同時に生み出したといえるのかもしれない。

ソフトバンクモバイルの広告シリーズ「白戸（ホワイト）家の人々」の中には、同社が以前放映したキャメロン・ディアスのＣＭを完全にパロディ化した作品（「お兄さん遅刻する」編）が登場する。広告を手掛けた同社の栗坂達郎執行委員は、こうした自社パロディを「過去の遺産の拡大再生産」と述べている。[6]つまり、消費者の既存の知識を最大限に活用することが、大きな反響に繋がるという視点である。

広告だけではなく、商品開発にこの偶有性を応用した事例として「男前豆腐店」（京都府南丹市）を挙げておきたい。同社の商品ブランドは、「ジョニ男」や「マサヒロ」「お嬢」「優ちゃん」といった人名で展開されていることで知られている。これらは、「男前豆腐店」が発信するブランドストーリーの中の登場人物名である。独自の世界観を持つ物語をウェブなどで展開し、そこに登場するキャラクターを受肉化（？）させる形で、新製品を生み出す方式を採っている。ちなみに同社では、敷島製パンと提携して「男前豆腐店クリームパン」「風に吹かれて豆腐屋ジョニーロール」「男前豆腐店蒸しパン」などを発売したほか、Ｔシャツ、タオル、前掛け、ストラップ、ＣＤなど、多様なグッズ販売も行っている。

このようにブランドコンテンツは、「既存商品」でもなければ「全く新しい商品」でもないポジション、「ほどよく知っているが新鮮」という受容性の高い商品を生み出すうえでも機能してくる。ひとつの世界観からのライン拡張やブランド拡張、さらには他社へのライセンシングにも発展していく可能性を秘めているのである。

今日のコンテンツビジネスでは、スピンオフ作品、グッズ販売、原作作品との連携販売（いわゆる角川商法）といった二次利用が注目されているが、それらもまた、一度観た人が「知っているから、もっと知りたい」という欲求を持つからである。この「もっと知りたい」欲求は、次の関心拡張というテーマにもつながってくる。

❸関心拡張効果

米国で人気を博している「アメリカンガール」は、大きさ一八インチ（約四五・七㎝）あまりの人形である。アングロサクソン系だけでなく、黒人、ラテン系、アジア系、ネイティブ・アメリカンと、実に多様な女の子の人形が販売されている。たとえばカーヤは、独立以前、一七六〇年代に生きていたネイティブ・アメリカン、クリスティンは一八五〇年代にスウェーデンから移民してきた少女、アディは南北戦争時代に幼年期を過ごした黒人少女……というように、それぞれが歴史上の背景と、それに連動するパーソナリティを与えられている。

この人形は、教師で歴史マニアだったプレザント・ローランドが「アメリカの歴史を学んでもらうために」開発した知育玩具である。人形のモデルとなった（架空の）人物が登場するストーリー本が、「セット」となって売られている点に、その特徴がある。つまりこれらのセットは、人形のモデルが生きた時代のアメリカを、楽しみながら学べる教育ツールなのである。今日、テーマパーク「アメリカン・ガール・プレイス」では、人形の物語の書店、人形と同じ少女服の販売、人形の髪型をつくる美容院、アメリカンガール劇場など、多彩なエンタテインメントも展開されている。ただし本来は単体の人形というよりも、アメリカの歴史と伝統に関心を持ってもらうためのコンテンツ（本）に、その軸があったといえる。

コンテンツについては「効果の外部性」という議論がある。コンテンツを享受した人は、それを観賞して終わりではなく、周囲の他者にも影響を与える、教育レベルが上がる、新たなインスピレーションが生まれる、といった副次的な効果をもたらす可能性がある、ということだ。またコンテンツは、次世代のクリエーターを刺激する、文化的資産になる、海外に輸出されれば国家イメージを上げる……などの影響も指摘されている。これらはコンテンツを通して得られた知識がユーザーの中で独り歩きして、別次元の効果を生み出していくケースといえる。ただしここでは、その社会的・近未来的効果についての考察はさておき、当面のマーケティング活動に直結しそうな効果の外部性として、クチコミによる情報の波及と、関心拡張による消費への刺激について考えてみたい。

ひとつのヒットコンテンツは、同系統の他作品や、あるいはストーリーと何らかの関わりのある商品の販売にも影響を与えることが多い。『ハリー・ポッター』の影響で、英仏では寄宿学校への出願や魔法魔術学校の入学者が大幅に増加し、箒やメガネが売れ、フクロウをペットで飼う人も増加したといった指摘もある[7]。

また今日、日本アニメやマンガの人気をきっかけに、これらの中に登場する文化や飲食物、日用品などが、海外で少しずつ認識され始めているという。繊細さやキュートさ（「カワイイ」）、伝統と新しさの混合といった感性的な側面が、日本製品の新たな魅力として評価されつつあるのだ。そのきっかけとなったのは、日本製のコンテンツであり、それらがベースとなって、日本製の日用品や伝統工芸などに関心が拡張されたのである。

最近、管理会計や税金、リーダーシップ論といった、本来であれば専門的なテーマを、マンガや小説のような形式で出版するケースが増えてきている。山田真哉『さおだけ屋はなぜ潰れないか?』(光文社)などがベストセラーになったのをきっかけに、こうした物語調のビジネス書が店頭を賑わせている。『もし高校野球の女子マネージャーがドラッカーの『マネジメント』を読んだら』(岩崎夏海著、ダイヤモンド社)がベストセラー化したのと連動して、本家であるピーター・ドラッカーの著作も売れ始めた。『もしドラ』の読者の関心が拡張され、原典や同系統の書物に手が伸びたのである。

消費者に支持されたブランドコンテンツの存在は、そこを基点とした新たな商品開発の可能性をもたらしてくれる。つまり、コンテンツを温床としたライン拡張、ブランド拡張ということである。

「マジョリカマジョルカ」は、一〇代後半~二〇代前半の女性を対象に、二〇〇五年から販売を続けている資生堂の化粧品のブランドである。「変身の呪文」「秘伝の薬」「シュガリー・トラップ~甘い罠を仕掛ける」といったテーマで季節キャンペーンを実施したり、ブランドサイトではファンタジックな絵本の物語を展開したりするなど、独自の世界観を醸し出すことに努めてきた。テレビCMよりも、ウェブサイトや売り場装飾などを重視し、ブランドイメージを拡散させない戦略を採っている。

二〇一〇年、資生堂とロッテは「マジョリカマジョルカ」のブランドをベースに、共同プロモーションを行った。統一コンセプト「真夏の夜の夢」の下で、メイクアップは資生堂の化粧品、吐息のデザインはロッテのガム……といった商品開発を試みたのである。同ブランドは、二〇一〇年秋にハーゲンダッツ「ドルチェ・フォンダンショコラ」との共同販促も行っている。これらのケースをブランド論として整理するならば、有力な物語性と世界観を有した「マジョリカマジョルカ」のブランド拡張策とみなすこともできる。

ダイキン工業の「ぴちょんくん」など、いまや他企業にキャラクターやブランドをライセンシングするケースもあらわれており、ユニークな世界観を有したコンテンツは、消費者の関心拡張ニーズと連動しながら、商品領域を拡張していくことも可能である。ブランドコンテンツは、個々の商品を消費するといったレベルを超え、ブランドの世界観を消費するためのトリガーとなっていくのである。

マジョリカマジョルカ

（提供：資生堂）

❹話題設定効果

映画やテレビドラマ、流行曲は、タイトルやコンテンツの存在そのものが、世間の話題として採り上げられることも多い。

映画やドラマとのタイアップは、これを狙ったケースもある。外食産業が映画とタイアップし、映画の世界をイメージしたメニューを提供するといった事例などはその典型であろう。『竹取物語』『一寸法師』『坂本竜馬』『フランダースの犬』『ベルサイユのばら』などをモチーフとしたテーマレストランを展開するダイヤモンドダイニングの店舗では、公開される映画の内容と連携したメニューを限定販売したことがある。例えば、同社のグループ店舗であるワインホール・グラマーでは、恐怖映画『ストレンジャーズ／戦慄の訪問者』（二〇〇九年日本公開）とタイアップして、五杯注文するとそのうち一杯だけテキーラが入っているという「ロシアンオレンジジュース」や、一〇個のうちひとつだけ味が違うというロシアンプチシュークリームなどを提供した。こうした施策は、時の話題として、マスメディアの報道で採り上げられる可能性も高まり、来客促進も期待される。

また、ＮＨＫの大河ドラマの主人公と連動した商品・サービスの開発、地域起こし策なども、話題形成型のマーケティングといえる。コンビニエンスストア各社が、テレビやドラマとタイアップしたり、アニメキャラクターを販促キャンペーンに活用したりするのもまた、同様の狙いがある。

公開直後のコンテンツは、旬の話題、トレンド情報のひとつとして認識されることから、これらはその瞬間風速にあやかろうとする戦術といえる。一種のカンフル剤的な効能ではあるものの、知名度の低いブランドを短期間でメジャー化したり、ロングセラーブランドを活性化したりする役割が期待されているようだ。

以前筆者がおつきあいさせていただいていた、ある情報機器販売メーカーの宣伝部長は、「広告の役割とは、販売現場における話題づくり以上でも以下でもない」と割り切っておられた。法人向けの訪問販売の場合、営業マンと顧客との間で成立する、何かしらの「話題」が求められる。その話題づくりに広告が寄与すればいい、という考え方だ。したがって、広告で商品スペックを理解してもらおうがもらうまいが、ブランド認知度が上がろうが下がろうが、そんなことよりも大事なことがある。それは、その広告を見た者が、その広告について語りたくなるかどうか、ということである。

ソフトバンクモバイルがシリーズ展開しているテレビCM「白戸家の人々」においては、お父さんが犬で、お兄さんが外国人、といった不条理な設定に加え、これまでタブーとされてきた自己否定や自社広告のパロディを平気でやったり、チョイ役に大スターを起用してみたり、巨大なストラップのプレミアム・キャンペーンをしたりするなど、いわば「なんでもあり」の内容で、常に話題を提供し続けている。この広告の中で、なぜ父が犬になり、兄が外国人なのかについては、なんら説明がない。その結果、「今の父親の立場はペット以下だということだ」とか「子供が成長するにつれ、バラバラになっていく家族を象徴的に表している」など、見る側による自由な解釈が流通し、そうした消費者同士の会話そのものがプロモーションとして機能することになる。コンテンツの内容にあえて未解決なものを残すことによって、その後の話題増殖を、クチコミの場に委ねるという戦略性を感じさせる。

二〇一〇年三月にオープンした福岡パルコの告知キャンペーンは、「みんなの宣伝部」と称するドラマ型CMを軸に組み立てられた。これは、素人で固められた宣伝部員がパルコの広告を制作するプロセスのドタバタ劇を、シリーズ広告で表現したものである。「時間はない。企画もない。」というやけっぱちのメッセージが、むしろ見る側に期待感をもたらし、大いに話題を喚起した。また、パルコのオープン直後、福岡市・天神の百貨店がそろって「祝パルコオープン　一緒に天神を盛り上げましょう」という歓迎の垂れ幕を出すなど、地域全体の「事件」として捉えられた。

マーケティング・コミュニケーションを、企業と顧客との関係だけに焦点を絞らず、その先の顧客と周辺顧客まで意識したときに、コンテンツは「時の話題」、場合によっては「一種の社会現象」として流通していく可能性を秘めている。

娯楽としてのブランドコンテンツ

一般にコンテンツには、「機能性」や「効能」が存在しない、と目されている。むろん、マンガ『神の雫』の読書経験がワインソムリエの資格取得に役立ったり、『Eye OF The Tiger』の曲を聴いてアスリートがやる気を出したり、ニンテンドーDSのゲームがリハビリに役立ったり……といった実用的な効能は指摘されていないこともない。しかしそれらの効能もまた、人や状況によって千差万別であり、一般化できないというのが常識である。よって、コンテンツはそれ自体を楽しむ性格を持った娯楽、つまりコンサマトリー性の強い情報である、と捉える方が自然といえよう。社会学者のチクセントミハイは、「使うことや行うこと自体が目的となること」が、娯楽の条件であるとする(8)。

広告はたしかに、企業などから発信された商業的メッセージではあるが、広告を見ることそのものが楽しい、という場合もある。

池田謙一らによると、広告接触におけるコンサマトリー性とは以下の三点である。[9]

①ブランド情報を受け取りながら随伴して広告表現を楽しむ

②広告表現を楽しむことが目標になっている

③広告を見ながらブランドの選択・購買・使用をシミュレーション的に経験する

◉図表4-5　③娯楽としてのコンテンツの効果◉

セイリエンス（顕著さ）形成効果
競合商品とは全く異なる世界の演出により、差別化を促進することができる

感情体験の成立効果
ブランド接触を、心地よい感情体験として認識してもらうことができる

能動的没入効果
消費者の自発的な接触を促進することができる

シュガーコーティング効果
メッセージ内容への心理的抵抗感を緩和することができる

ただし、全ての広告接触において、このコンサマトリー性が発揮されるわけではない。すでに述べたように、今日の広告は販売促進情報とブランドコンテンツとに大別されつつある。前者に求められるのは徹底的な効率性であり、「販売」や「問い合わせ」などに直結するインストゥルメンタル性である。池田らの指摘するのは、後者の側、つまりブランディングを目的とした広告に対しては、楽しむことそのものが目的となるケースもある、という点であろう。そして、そのコンサマトリー性をさらに先鋭化させたのが、ブランドコンテンツの存在といえる。

昨今では、CRM技術を駆使して、顧客の詳細なプロファイルや購買履歴を把握し、商品を推奨したり、囲い込んだりすることが「マーケティング」である、という認識が横行していないこともない。しかしマーケティングとはそもそも、消費者の心を管理したり、消費者行動を監視したりするものではない。消費者の気持ちを和らげ、精神を解放し、魅力的な世界に誘うための行為こそが、真のマーケティングであろう。その基本スタンスに立ち戻った時、消費者に提供すべきなのは「娯楽」であるといった考え方は支持を得るはずだ。

娯楽についてもさまざまな定義はあるが、ここでは「顕著さ」「感情体験」「能動的没入」「シュガーコーティング」というキーワードから、娯楽としてのブランドコンテンツの効果を考察してみたい。

❶セイリエンス（顕著さ）形成効果

コンテンツとは古語的な表現をすれば、「歌舞音曲（かぶおんぎょく）の類」であり、本質的に騒がしいもの、目立つもの、客を惹きつけるもの、という位置づけとなるだろう。いわゆる「見世物」「出し物」というわけである。多くのコンテンツは注目されること、楽しませることを目的に制作されるため、表現そのものに予め有徴性が存在する。

情報消化率が減少する今日、目立つこと、他の情報と異質であることは、ますます重要な意味を持ちつつある。しかし、単に目立つだけ、うるさいだけの広告宣伝では、逆効果にもつながりかねない。そこで、コンテンツを活用した巧妙な「目立ち方」を志向しなければならない。これは、ブランド・

エクイティの基盤のひとつとされる「セイリエンス（顕著さ）」を形成するための施策となろう。

セブン・イレブン・ジャパンでは、二〇〇九年に公開された映画『ＲＯＯＫＩＥＳ（ルーキーズ）』の中で、登場人物が店舗に訪れ、雑誌を読みながら雑談するといったシーンを登場させるプロダクト・プレースメント・タイアップを行った。これと連動して、映画の前売りチケットや、登場人物のフィギュア販売なども連動し、一種のキャンペーンを成立させた。実は同社では、過去にもこうした映画タイアップによるキャンペーン提案はいくつもあったものの、すべて断ってきたという。しかし今回のケースでは、セブン・イレブン側から撮影用に店舗を使ってもらえないかと依頼した、とのことである[10]。

この背景には、コンビニエンスストアを巡る厳しい経営環境がある。近年、コンビニエンスストアでは、弁当やカップめんなどの落ち込みが著しい。ただしそれは、消費者の節約志向や残業時間の減少といった経済的要因だけが作用した結果ではない。かつてコンビニエンスストアといえば、そこに行けば見たことのない新商品が置いてあり、雑誌や書籍などの情報も置いてある……という印象が強かった。つまり、店舗そのものに強い情報発信力があったのである（「店はメディアだ」などと言われていた）。今日、その情報発信力は急速に消え失せているようだ。店頭には新製品の展示場、テストマーケティングの場といった雰囲気がなくなり、定番と売れ筋、プライベートブランドによって棚が支配されつつある。ＰＯＳシステムで管理する以上、これも必然的な帰結ではあるのだが、消費者にとっては「行っても発見がない」店舗に、足を運ぶだけの意欲が失われつつある。この点に、危機を感じなければなるまい。

そうした中で、セブン・イレブンはじめ、コンビニエンスストア各社が、テレビ番組や映画、あるいはスポーツ団体などとコラボレーションを強めているのは、コンビニ本来の「情報発信力」の回復を目指してのことだと思われる。「店」の語源は「見せ」であり、まさに顕著さのあるものを見せる場であったとすれば、コンビニのみならず、既存業態の店舗においては、そうした「見せ」能力の回復が強く求められるところだ。ただし、低価格化とコモディティ化が進む中、商品そのものにそうしたパワーがなくなりつつある以上、コンテンツを活用した「見せ」方を志向する必要も出てきている。

コンビニ以上に深刻なのは、商店街であるかも知れない。商店街を取り巻く今日の課題としては、商店主の高齢化、店舗のテナント化による地主の関与性の低下、人材不足や意欲の低下、シャッター店舗化、魅力や活力の低下、活性化の掛け声のマンネリ化、補助金依存や短絡的な活性化発想、連携意識や仕組みの欠如……などが挙げられている。しかしその一方で、商店街には地域活性化の役割が担わされている。街づくりの中で商業の活性化は重要な意味を持つし、また少子高齢化や家族の形態変化から、居心地の良いコミュニティとして商店街に期待されるものも大きい。

こうした中、（補助金～イベントを核とした）短期的な活性化ではなく、中長期的に商店街をマネジメントしていく仕組みとして、文化やアート、さらには地元に縁の深いコンテンツと連携した活性化策が試みられている。円谷プロの発祥地である東京都世田谷区祖師谷地区の商店街が「ウルトラマン商店街」を標榜した例、鳥取県境港市・水木しげるロード周辺商店街が妖怪ワールドを演出したような例、埼玉県鷲宮町の商店街が、アニメ『らき☆すた』で町おこしを試みた例など、コンテンツが商店街活性化に寄与するケースが散見されるようになってきた。

商店街の中には、寺社の参道における商業集積の発展形というものも多い。こうした場所に来る客の目的は本来「信仰」であり、「文化」であったといえる。お参りや観劇といった文化的歓楽的な行為に従属して、購買活動が生じていたケースも多いだろう。よって、商業を活性化しようとすれば、まずは文化を活性化すべき、という原則がここにきて蘇っているだけなのかも知れない。

コンテンツは、ブランドに突出したアイデンティティをもたらすうえで、大きな役回りを演じる。ブランドにキャラクターを設定するなどの手法が、その典型である。ただし、毛色の変わった目立つ記号で一時的に客を惹きつけるだけに腐心するのではなく、ブランド・アイデンティティとの結びつきを考慮した、中長期的な戦略策定への配慮も不可欠である。

例えば、商店街や地域おこしのケースでは、今日的な新しいコンテンツとその地に根づく古い文化や物語とをどう結びつけていくか、を考慮する必要もある。さきほど紹介した『らき☆すた』のケースでは（主人公が神社の娘という設定ではあったものの）、鷲宮神社の例大祭にアニメキャラクターの神輿を出すといった、新旧の文化の連携が図られた。また、携帯電話やインターネットなどファン層が利用するデジタルメディアと、神社に奉納する「絵馬」というアナログメディアとの並立、さらにはSNSや動画投稿サイトといったバーチャルコミュニティと、商店街内に設定したリアルコミュニティ「大西茶屋」の存在……など、「新しくて目立つもの」と「古くて本質的なもの」との連動が生み出された点を指摘しておきたい（図表4-6）。

❷感情体験の成立効果

コンテンツは、消費者の情緒に訴え、心地よさ・感動・憧れ・痛快感……といった快適な体験をもたらすことがある。これにより、ブランド接触を心地よい感情体験として位置づけてもらうことも可能になる。

情緒に訴えるという観点からみた場合、その端的な形態はブランドと音楽との連動であろう。CMソングタイアップについては、既に述べたような歴史的経緯があるが、ブランドイメージに合った曲を探すというよりも、近年ではブランドイメージに適した曲を制作する傾向も

◉図表4-6　『らき☆すた』による鷲宮町活性化へのステップ◉

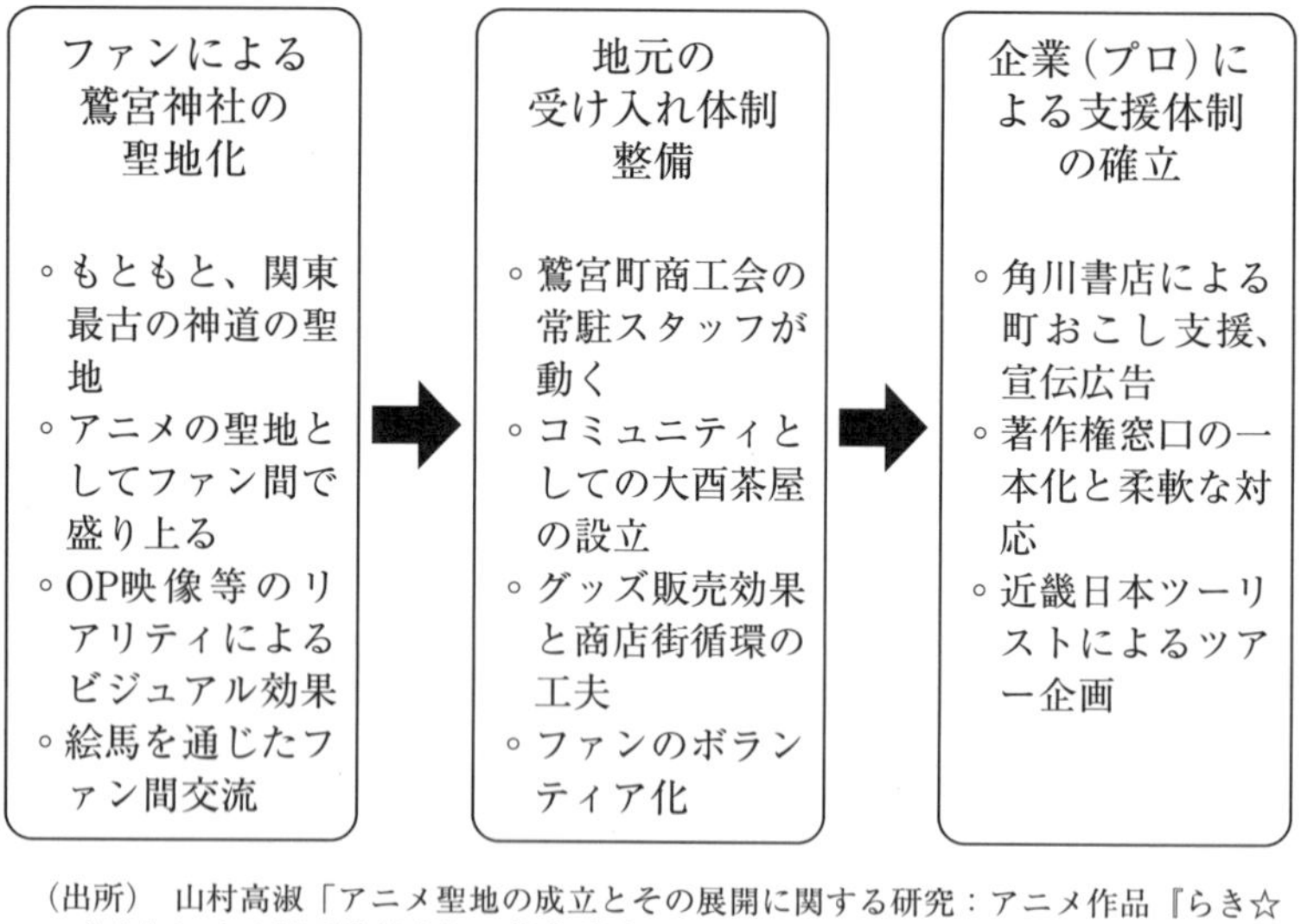

ファンによる鷲宮神社の聖地化
◦もともと、関東最古の神道の聖地
◦アニメの聖地としてファン間で盛り上る
◦OP映像等のリアリティによるビジュアル効果
◦絵馬を通じたファン間交流
地元の受け入れ体制整備
◦鷲宮町商工会の常駐スタッフが動く
◦コミュニティとしての大西茶屋の設立
◦グッズ販売効果と商店街循環の工夫
◦ファンのボランティア化
企業（プロ）による支援体制の確立
◦角川書店による町おこし支援、宣伝広告
◦著作権窓口の一本化と柔軟な対応
◦近畿日本ツーリストによるツアー企画

（出所）　山村高淑「アニメ聖地の成立とその展開に関する研究：アニメ作品『らき☆すた』による埼玉県鷲宮町の旅客誘致に関する一考察」（国際広報メディア『観光学ジャーナル』2008-11-28）を参考に筆者作成。

高まりつつある。

プロモーションフィルムの映像の中に商品を登場させる「プロマーシャル」と呼ばれている手法がある。福山雅治率いる〝Tourbillon（トゥールビヨン）〟による楽曲のイメージで、ストーリーをもったプロモーションフィルムを制作し、その中でスポンサー企業（富士重工業や富士フイルムなど）の商品を、オムニバス（相乗り）型で登場させた例などがある。

音楽鑑賞のみならず、映画観賞や観劇もまた、感情体験を目的とするイベントであったが、それをネット上で達成させようとするのがショートフィルムである。

ネスレコンフェクショナリーでは、キットカットのブランディングにおいて、岩井俊二監督によるショートフィルム『花とアリス』（二〇〇三年）を制作した。ただし同作品では、物語の中に一切商品を出さず、ブランドと物語との連携は「ハブ・ア・ブレイク」というコンセプトだけにとどめる形を採った。人気監督を起用したという効果もあってか、ウェブ視聴は三〇〇万アクセスを越え、掲示板に六、〇〇〇もの書き込みが入り、見た人の九割が『花とアリス』を友だちなどにも薦める、という成果が得られた。「キットカット」のブランディングに大いに貢献することとなったわけだが、それだけでなく、視聴後に商品を購入した人が八六％にも達したという報告がある[11]。

映画館は、高い経済効果を生み出す施設のひとつだと言われている。映画を見たら、ついでに食事をしたり、買い物をしたりするのは世の習いであり、それを見越して、多くのシネマ・コンプレックスがショッピングセンターの中に設置されている。映画館に行った際の関連消費額は、映画そのものに支払うチケット代を上回るという調査結果もある。

映画やドラマなどで生まれた視聴者の感情体験が冷めやらぬうちに、それを購買行動に繋げてしまおうとするシステムも登場してきている。ビデオコマースと呼ばれている手法がそれで、プロモーションビデオやウェブドラマ、テレビドラマを見ながら、登場する人物の衣装やアクセサリといったグッズを購買できる仕組みが構想されている。

関西テレビで放映された『リアル・クローズ』（二〇〇九年）では、ドラマの中で女優たちが着ていた衣装を視聴者が番組サイトで購買できるオンエアリンクを採用、約一億円の売上を獲得できたという。一方、二〇一〇年春に日テレ7がウェブドラマとして放送した『プリンセスラブ～魅せられて』などのケースでは、登場人物と同じ衣装を購買できるサイトへのリンクを貼ったところ、二〇─三〇代の女性からの強い反響があり、売上も五、〇〇〇万円に達したということである。[12]

米国では、デリバリー・エージェント社やピクサッツァ社（いずれもカリフォルニア州）といった企業が、テレビドラマの主人公が身に付けた衣装やグッズに関する情報提供を行い、販売サイトに誘引する専門サイトをすでに開設している。

このようなケースは、ブランディングというよりは販売直結のケースであるが、消費者による比較検討や検索といった「冷静な判断」を飛び越して、一気に購買に繋げていけるといった効果が見込まれているようだ。ただしこれらの事例は、ドラマを見て感情が高ぶるとか、登場人物に憧れるといった理由だけでなく、「今このタイミングでないと買いそびれてしまう」といった機会損失の心理も働いての結果と思われる。

いずれにせよコンテンツの存在は、消費者の気分を心地よくさせる、あるいはハイにさせる、といった点では疑う余地はないようだ。

❸能動的没入効果

コンテンツに接触する間、オーディエンスは高い没入度を示すことがある。広告が消費者にとって「無理やり見させられているもの」であるのに対し、映画やドラマは「自発的に見ているもの」という位置づけになる。同じ時間消費ではあっても、この差は歴然としている。さらにそれは、能動的没入状態、つまり好奇心が刺激されて、自ら対象にのめりこんでいく状態にもつながっていく。

例えばある中学校の数学の先生が、生徒たちに「幾何道を修行する物語」を示し、生徒一人ひとりに物語の「役」を与えた教育プログラムがある。忍者の修行のようなプロセスを経て、全員が免許皆伝になる、というストーリーを、実際の授業の中で展開したわけだ。これにより、生徒たちが受身で授業に臨むのではなく、自ら進んで幾何道を取得しようという状態が生じたという。

二〇一〇年、バンダイナムコゲームスの考案した小学校の教科書が、文科省の検定に合格した。これは、算数・国語・理科の教科書をロールプレイングゲーム風に編集したもので、主人公が旅をしながら難問に挑戦し、正解するとアイテムを獲得できるといった内容となっている。バンダイナムコゲームスの「授業時間外でも開きたくなるような教科書をつくりたい」という想いと、「従来の殻を破った、子どもたちに新鮮味を与えるような教科書をつくりたい」という学校図書の想いが融合して実現した産物である。教育の分野では、ベネッセコーポレーションのキャラクターを巧みに活用した教材販売が一世を風靡した観もあるが、このようにさまざまな形で教育へのコンテンツ活用が試みられていくに違いない。

他のコンテンツと比べ、ユーザーの没入度において最も高い値を示すのは、おそらくゲームコンテンツであろう。そのゲームの中に広告的要素を採りいれようとするのが、アドバゲーミング（ゲーム内広告）といわれる手法である。ゲームに対するユーザーののめり込み方を考えると、不特定多数への到達力（リーチ）を強みとするマス広告よりも、特定少数に深く突き刺さる可能性のあるアドバゲーミングの効果に期待する向きも出てきている。

バンダイナムコゲームスの考案した小学校の教科書

（提供：バンダイナムコゲームス）

まだ実験的な位置づけながらも、『龍が如く』（セガ）や『メタルギアソリッド』（コナミ）などにおいては、スポンサー企業のブランドが、ゲームストーリーの一環に組み込まれる形で露出されるプロダクト・プレースメント・タイアップが導入されている。ブランドのターゲット層がテレビを見なくなっているのであれば、彼らが没入するメディア、多くの時間を費やすメディアに広告的要素を組み込んでいこうとするのは、ある意味で当然の成り行きともいえる。

ＳＮＳ大手のミクシィでは二〇〇九年八月から「ｍ・ｉ・ｘ・ｉアプリ」をスタートさせた。その中心は、会員のための無料ゲームアプリケーションである。これにより、ユーザーのサイトへの滞在時間が大幅にアップすることとなった。サイトの媒体価値が上がって広告収入が安定すると同時に、ゲーム利用者を対象とした新たなビジネスモデル形成への足がかりとなる、といった期待が込められている。ミクシィはサイトのＡＰＩを公開し、第三者がゲームアプリケーションを自由に制作できる環境を整えた。ｍｉｘｉアプリのひとつ『サンシャイン牧場』は人気を博し、ゲーム内の仮想通貨をプレミアムとして入手できる通販サイトも立ち上げるなど、新しい展開も見せている。

ゲーム内広告といってもさまざまな形態があるが、オプト調査（二〇〇八年）によると「ゲーム起動終了時」「ゲーム内に登場する看板やキャラクター」「データ読み込み時」においては、広告の存在があってもユーザーに容認されるという結果があらわれている。つまり、ゲームの映像世界のリアリティを上げるために広告や看板、ブランドキャラクターが登場するのは、特にノイズにはならない、という判断である。また、二〇〇九年三月にソネット・エンタテインメントが行った実験調査でも、オンラインゲーム内で広告表示に否定的な人はわずか四％であり、六三％が「広告主やデザインがマッチしていればよい」、四九％が「ある程度であれば気にならない」と回答している。

ただしこうした調査結果から、ゲーム内広告は効果が高い、という判断につなげるのは早計と思われる。ユーザーは「邪魔しない程度に広告が挿入されてもよい」と回答しているだけであって、それと広告が有効に働くという話とは別だからである。

これは、プロダクト・プレースメントでも同様のことが言える。波及効果理論というものに倣えば、コンテンツに向けられた関心は、当然そこに登場するブランドに対しても関心が波及することになる。しかし、コンテンツへの関与が高くなりすぎると、広告メッセージに対する情報処理が難しくなり、かえって効果を減じてしまうことにつながりかねないのである。

むろんオウンド・エンタテインメントであれば、視聴者の没入度の高さは、ブランディングにも多大な影響をもたらすものと考えられる。しかし、タイアップのケースでは、こうしたコンテンツへの没入度は裏腹の側面があり、その効果測定にあたっては慎重な分析姿勢が求められるはずだ。

❹シュガーコーティング効果

コンテンツは、娯楽として気軽に接触されるため、メッセージ内容への心理的抵抗感を緩和させることにもつながる。わかりにくいことや難しいことでも「自然と、すっと頭に入ってきた」という状態を生み出すうえで、エンタテインメントコンテンツは有効に働く。

「説教」という言葉は本来、仏教を大衆に普及するための行為を指した。日本仏教は、もともと梵語で書かれた仏典の漢語翻訳の、さらに日本語翻訳で成り立っていたため、難解かつややこしいという問題があった。そのため、大衆に普及するには伝え方、教え方の工夫が求められた。そこで考案されたのが「唱導文芸」である。八世紀に編纂されたとされる『日本霊異記』などがその代表例で、大陸から伝播した説話を、日本を舞台とした内容に翻案するなど、わかりやすく、かつ面白く書かれている。説教師という伝え方の専門家もおり、江戸時代にはその学校まであったらしい。加藤秀俊は、こうした「面白くてためになる」説教がのちに俗化して、寄席芸能や講談、浪花節、演歌といった大衆芸能に転化していった経緯を指摘している[13]。

こうした「語りのエンタテインメント＝説教」を、視覚に訴える形で表現した代表例が、国宝「鳥獣戯画」であろう。日本の漫画のルーツとも目されている「鳥獣戯画」は、日本初の人材募集広告、物語広告であったという説もある。その説に従えば、天台宗高山寺の住職であった鳥羽僧正は、全国の子供たちを集めて僧侶に育てようとしていたが、当時ブランド力の強かった比叡山延暦寺に好人材を持っていかれるため、ジレンマを感じていた。そこで彼が考案したのは、子供にも楽しんでもらえるようなエンタテインメント絵巻物の作成であった。仏教説話を、あたかも娯楽のように、楽しく愉快に見せたというわけである。今でいうと、大学の学生募集にキャラクターを設定するようなものであろう。

このように、わが国においては仏教の大衆向け普及という目的のもとに、さまざまなエンタテインメントコンテンツが生み出されてきた。それらが、芸能文化としても変形分化し、発展していった歴史がある。こうした難しい話を楽しく伝える、いわゆるシュガーコーティングのテクニックが発揮される場が、今日においてはブランドコンテンツであるといえる。

小学館では、二〇一〇年四月に学習マンガ誌『GAKUMAN PLUS（ガクマンプラス）』を創刊した。伝記、歴史、科学、数学、英語、環境問題といったテーマのマンガを掲載しながら、それぞれのストーリーに沿った解説を加えるという内容である。教科書や参考書ではなく、マンガを通じて勉強することで、対象への親近感を高めることができるというわけだ。

東京ガスでは二〇〇六年より、「ガス・パッ・チョ！」というコーポレートメッセージを使用している。これは「ガスでパッと明るくチョっといい未来！」の略である。同社ではこの理念を浸透させるために、オリジナルキャラクター「火ぐまのパッチョ」を使った動画「パッチョムービー」を、ウェブページで展開した。パッチョは「冷え切った東京に暖かい火を灯すために火の国から派遣された王子」という設定であり、コンロや床暖房で人々の心を暖めていく、という連続ストーリーになっている。

パッチョムービーのひとつひとつは、きちんと東京ガスの商品説明をなしているのだが、キャラクター設定などから、これは競合する電力会社との差別化を狙ったものと察せられる。つまり、「火の温もりのある生活＝ガス会社」VS「クールで効率的な生活＝電力会社」という対比がここに込められているのである。しかしこうしたメッセージを比較広告のような形で露出せず、愛らしいキャラクターの動画で表現することにより、自然と「暖かい生活はガスで」という気分にさせてしまうのが、本コンテンツの特長であろう。ちなみに同社のCMギャラリーを含めた動画サイトのリピート率は五〇％、平均滞在時間もサイト全体と比較して二・三倍にもなるという。

前田建設がネット上で展開する架空セクション「ファンタジー営業部」では、「マジンガーZの格納庫」や「銀河鉄道999の駅」などの建設プロジェクトを計画するという前提で、同社の保有するさまざまな技術やノウハウが楽しく説明されていく。例えば「マジンガーZ地下格納庫一式工事」は、営業マンや技術主任、さらには関連会社のエキスパートたちがあらゆる可能性を検討した末に、予算七二億円、工期六年五ヵ月（ただし機械獣の襲撃期間を除く）で引き受ける、といった内容になっている。ここではゼネコンの仕事が、夢や想像性、遊び心を伴う楽しいものであることを訴求している。一日四万人以上がサイトを訪問し、一時はサーバがダウンするほどの反響を生んだ。同社を志望する学生のほぼ一〇〇％が「ファンタジー営業部」について語るということから、このコンテンツが、高いリクルート効果をもたらしているのも明らかである。

単なるイメージ広告や公式ホームページで、自社の理念やビジョンをまじめに語るのもいいだろう。しかし、こうした誰もが知っているコンテンツを活用することにより、メッセージ内容への敷居を下げ、接触時の気分を柔らかいものにする方法もある。なお、「ファンタジー営業部」は二〇〇五年に日本SF大賞・星雲賞ノンフィクション部門を受賞したほか、日本や韓国で書籍化もされている。

さて最近では、カーナビゲーションシステムの画面にキャラクターが登場するようなケースも出てきた。クラリオンのカーナビ「スムーナビ」では、ドライバーにエコ運転をガイドする役回りに専用キャラクターを配置している。さらには、誘導時の音声を好みの声優、女子プロゴルファー、レーサーなどに変えられる機能なども搭載した。これらは一見遊びのようでもあるが、ルートや運転の仕方を「機械に指図される」ことによるドライバーの怒りを緩和する意味で、ひとつの有効なアプローチといえなくもない。

交通機関などが実施している「マナー広告」の分野においても、「ユーモアがあること」はひとつの鉄則であるといわれる。大真面目なこと、道徳的なこと、難しい理念を伝えるときこそ、笑いやユーモアが求められるのだ。二〇一一年三月の東北関東大震災直後には、図らずも大量出稿となってしまった公共広告機構への苦情が殺到した。これは、ユーモアが欠落したACの広告の繰り返し（たまに見る分にはよいが）に対して、視聴者が薄気味悪さを感じたことに、その原因があるものと思われる。このように、メッセージの中身や顧客との距離感によっては、コンテンツによってシュガーコートされた表現が求められる場合もある。

物語としてのブランドコンテンツ

コンテンツは「物語」という形式をとる場合がある。

小説、ドラマ、映画、マンガ、アニメーション、演劇におけるストーリー性については言うまでもないが、歌詞のある音楽やRPG（ロール・プレイング・ゲーム）などにおいても物語性が付与されることは多い。また、絵画やイラストレーション、写真、詩歌などでも、作品の持つストーリー性が、それらの評価を決定するようなケースもみられる。

◉図表4-7　④物語としてのコンテンツの効果◉

コンテクスト（文脈）生成効果
ブランドを、特定の文脈や世界観の中で記憶してもらうことができる

主人公に対するモデリング効果
主人公への同一化作用を通じて、消費者の潜在欲求を顕著化することができる

象徴的アイテム化効果
ストーリーを形成する重要なシンボルとして、ブランドを認識してもらうことができる

社会=消費=自己への肯定効果
他者と同じ欲求を抱くことへの安心感や、社会や未来に対するポジティブな姿勢を形成することができる

語り直し効果
消費者が主体となって物語を語り継ぎ、話を完結したり、広めたりしてもらうことができ

さらに言えばノンフィクション分野、例えばテレビのニュースや新聞記事、ドキュメンタリー、スポーツ番組、さらには手紙、ブログなどにおいても、その構造は、一種の物語として捉えられるといった観点もある。これらはストーリーというよりも、ナラティブ（narrative）と呼んだ方が相応しいのかもしれない。

つまり、われわれが日々接している情報は、固い構造を持った物語（フィクション）と、柔らかい構造を持った物語（ノンフィクション）のいずれかともいえる。ブランドコンテンツにおいても、前者に該当するのは物語広告、ショートフィルム、ブランド・インテグレーションなどであり、後者は

エピソード広報やプロジェクト出版物などとなる。さらに、消費者がブログなどで綴るブランドに対する思い、噂話や都市伝説などは、さらに柔らかい構造の物語とみなすこともできる。

消費者に対してひたすら誠実で、正直であろうとすれば、ブランドに対する正確な情報やスペックを伝えればよいはずである。しかし現実は、マーケティング・コミュニケーションにおいても、物語という虚構が幅を利かせているのである。なぜこうした物語が流通するのであろうか？

やまだようこは、生涯発達心理学の立場から、ナラティブ・アプローチの有効性を「世界についての新たな別の見方を生み出す生成性と、それによって未来のものの見方や人生を変革していく実践性」と位置づけている(14)。このように認知心理学の領域においては、物語という、現実とは異なる別世界を参照することによるさまざまな効果が検証されている。そしてその効果は、マーケティングにおいても同様と考えられる。

「エンゲージメント（顧客との絆）」という概念が、論議の俎上に上がって久しい。顧客のブランドロイアルティが嵩じ、積極的なブランド関与や愛着行動を示すような状況を指す。エンゲージメントとは、ブランドが自らの価値観や生活の一部、つまり「ワガコト」であるという意識の表れであるが、それを生み出すのが、ブランドと消費者との間に成立する〝物語〟の存在だと言っても過言ではない。ブランドの醸し出す物語が、消費者の同一化や投影といった意識、模倣や追体験といった行動を生起させるからである。さらに言えば、すべての物語はしょせん「別の人」「異世界」の話ではあるが、しかしだからこそ「私自身」「今の世界」との共通項がクローズアップされ、焦点化されていく。この焦点化されたテーマに対して、人は感動や共感を覚えることになる。

ではいったい、物語の何がそのような意識変容・行動喚起を生み出すのであろうか。ここでは、物語の特性である「文脈」「主人公」「時間軸（シークエンス）」「主題」「語り」に焦点を当てて、その効果を考えてみたい。

❶コンテクスト（文脈）生成効果

物語をオリジナルの存在にしているのは「背景（setting）」や「設定」、あるいは「世界観」と呼ばれている要素である。これらが統合されたものを「シーン」と呼ぶこともある。

物語固有の文脈や世界観の中に位置づけられたアイテム（ブランド）は、エピソードや雰囲気といった「コンテクスト」を伴いながら記憶されていくこととなる。例えば、ドラマの中に登場したブランドは、登場人物、台詞、ロケ地、BGM、色彩的印象、さらには登場人物による使用方法などといった、多様で具体的なコンテクストを伴って記憶される。そのため、単なるブランド名やブランド特性の記憶（概念記憶）にとどまらず、物語のシーンと結びついたエピソード記憶の中で、ブランドがポジショニングされていくことになる。記憶の再現としてのブランド連想も、当然豊かなものになってくるわけだ（図表4-8）。

さらにこのことは、誰がどんなときに、どんな思いで使用するものなのか、どのように使い、どのように接するべきなのか……といった、ブランドに対する包括的な理解にもつながっていくであろう。

また、魅力的なシーンに登場したブランドは、当然のことながらブランドイメージを好意的で豊かなものにするものと思われる。映画やドラマを活用したプロダクト・プレースメントには、このような狙いが込められている。

古い話にはなるが、映画『おしゃれ泥棒』におけるルイ・ヴィトンのバッグ、『麗しのサブリナ』のサブリナパンツやヘップサンダル、『ティファニーで朝食を』のティファニー、『ローマの休日』のイタリアン・ジェラートなどは、オードリー・ヘップバーンが出演したシーンとともに人々の間で記憶され、語られ、愛され、その結果としてブランド力が強化されたり、新たな商品ジャンルを生み出したりすることにつながった例といえ

◉図表4-8　文脈生成の効果◉

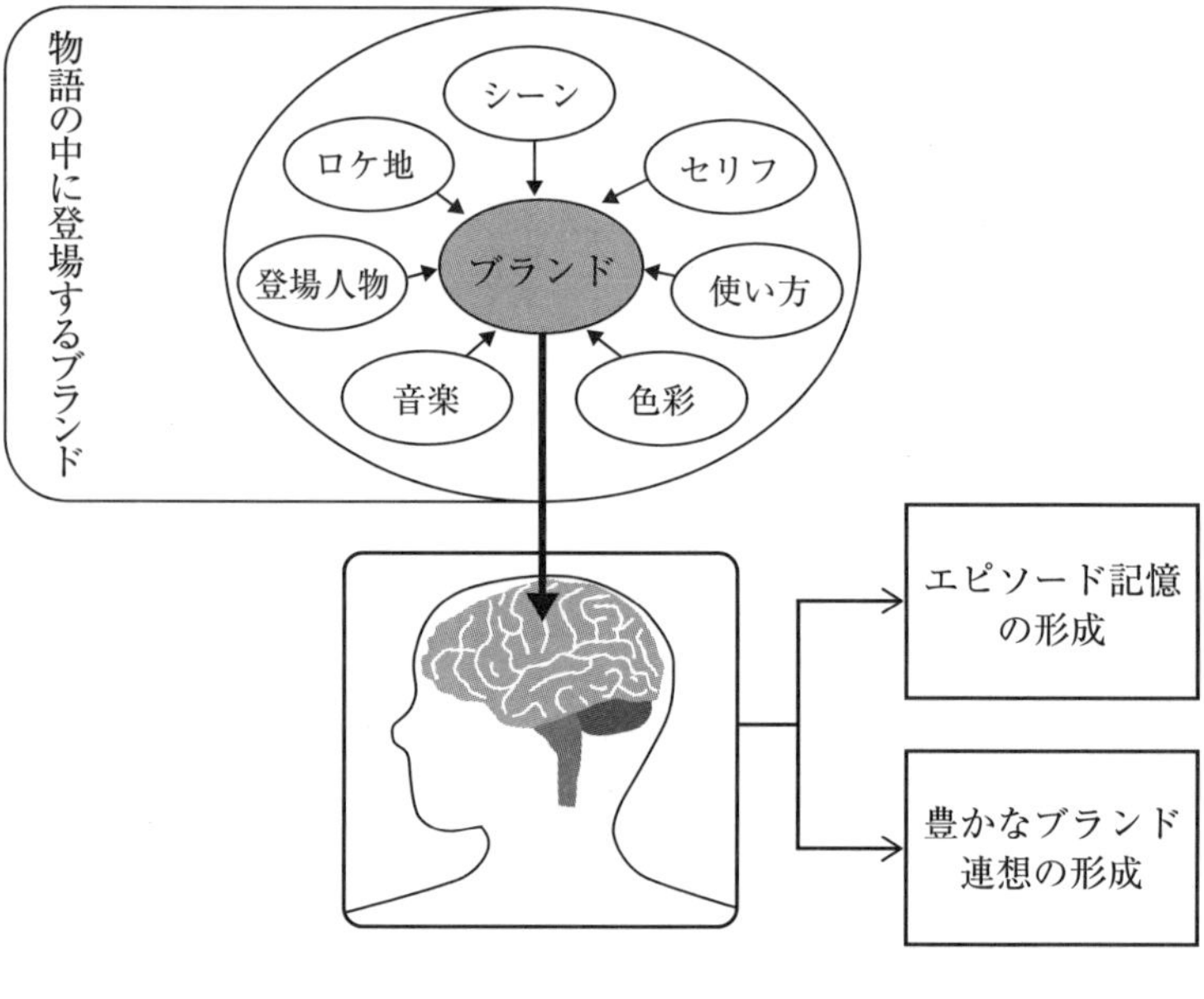

る。

高額なシャンパンとして知られる「ドン・ペリニヨン」（通称ドン・ペリ）は、これまでたびたび映画の中に登場してきた。「007」シリーズの初代ジェームズ・ボンドはドン・ペリ好きで、『ドクター・ノオ』や、『ゴールドフィンガー』、『007は二度死ぬ』をはじめ、同シリーズの中で幾度も重要なアイテム（ちなみに、ボンドガールを口説き落とすだけではない）としての役割を担っている。ここでは洗練された男の、高級でシャレたリキュールとして、ドン・ペリが位置づけられている。

一方、アル・パチーノが主演した映画『スカーフェイス』では、コカインの密売で暗黒世界の帝王にのし上がる主人公が、一本五五〇ドルのドン・ペリをナイトクラブで注文する。また、『ダイ・ハード3』においては、金塊を強奪した悪党たちが、ドン・ペリで祝杯をあげるシーンが登場する。ついでに言うと、浜田省吾の曲『マネー』の一節には、欲しいものとして「純白のメルセデス」、「プール付きのマンション」とともに「最高の女と、ベッドでドンペリニオン」が挙げられている。これらにおけるドン・ペリは、非合法的な手段をも使って成り上がった悪のヒーローたちが、自らの立場を誇示するための酒となっている。

同じ商品であるものの、前者と後者とでは、その利用される文脈に違いがある。どちらが魅惑的に映るかは別問題として、コンテンツの文脈は、商品のポジショニングを左右してしまうだけの力を持っているといえそうだ。

このように、物語世界において成立する文脈は、ブランドに対する長期記憶や連想、理解を促進したり、憧れや好感度を形成したりするのである。

商品が単なる「モノ」から、意味を持った「記号」となるためには、こうした文脈が不可欠であるともいわれる。中には、あえて物語と商品とをセットにして販売するようなケースもある。玩具メーカートミーが一九九〇年代に販売した「ゾイド」シリーズ（恐竜型メカのプラモデル）では、商品パッケージに、帝国軍と共和国軍による戦闘のエピソードやそれぞれのキャラクターの位置づけなどが記載されていた。この物語により、ユーザーはスタンドアローンの玩具としてではなく、物語世界の登場キャラクターとしてのゾイドを楽しむことができたのである。

❷主人公に対するモデリング効果

物語には、主人公（ないしは感情移入できる他の登場人物）が登場する。

この主人公に自己イメージを重ね合わせること、主人公の抱く変革欲求を自分の欲求に転移すること、さらに主人公の行動への模倣・追体験を志向しようとすること……などが、ここでいうモデリング効果である。

まずは、顧客の自己イメージとの適合を図っているケースを見てみよう。

㈱クレヨンが手掛ける女性服ブランド「Lois CRAYON（ロイス・クレヨン）」においては、架空の女性ミュージシャン「ロイス・クレヨン」によってプロデュースされた商品群、という設定をとっている。ミス・ロイスとは「ヴァイオリンを得意とする音楽家で、クラシックからジャズまで幅広い演奏・作曲活動をして生活している二三歳の女性」であり、店内にかかるＢＧＭも、ロイス作曲・プロデュース（という設定）のＣＤである。同ブランドのホームページには、ロイスの祖父から姪に至るまでのファミリーが紹介され、ブランドの隅々にまで「ロイスらしさ」を行き渡らせる演出が施されている。

こうした架空のブランドキャラクター設定は、典型的な顧客像を詳細まで描くことによってターゲット戦略を鮮明にしようという、いわゆる「ペルソナ」戦略の延長にあるものと位置づけられる。広告表現で示すべきなのは「理想的な私」と「現実に近い私」とのどちらなのか、というテーマがしばしば議論となる。自己言及理論に基づいた調査研究などをみる限り、美しい俳優やセレブリティといった理想像を呈示するのは、顧客の自尊感情を刺激するので効果的だ、という説もあるし、あまりにかけ離れた理想像の場合は自己イメージとの距離が大きすぎて、かえって幻滅に陥る、といった指摘もある。ブランドコンテンツの主人公は、顧客の共感を得るような人物像であることが望まれるのはいうまでもない。

次に、主人公の変革欲求の転移について考えてみたい。

「消費者ニーズ」という言葉が幅を利かせる世の中ではあるが、消費者ひとりひとりのニーズがア・プリオリ（事前）に存在するかとなると、いささか疑問である。例えば、「今日のランチ、何食べたい？」と聞かれて即答できる人は、ほとんどいないであろう。広告研究者の青木貞茂によれば「本質的に人々の欲望にはオリジナルのものがなく、常に他者の欲望が先行して存在する」(15)のであり、個々人が抱くニーズとはすなわち他者の欲求、あるいは歴史的に形成されてきた欲求にならって成立する、と考えた方が自然であろう。この「他者の欲求」をオーディエンスに転移させる仕組みが、物語であるともいえよう。消費者は、物語の主人公による代理体験・代理学習を通じて、自らの潜在欲求を（空想上ではあるが）実現させていくことになる。

アメリカの民俗学者・ダンデスは、ネイティブ・アメリカンの民話を分析し、物語の始まりは必ず「何かが欠落した状態」であることを指摘した。安定した状態ではなく、何かが欠乏している（あるいは何かが過剰な）状態から物語は始まる、というわけだ。今日のコンテンツでもそれは同様であり、例えば映画『インディ・ジョーンズ』の始まりにおいては、「エジプトの砂漠の中に眠る黄金の聖櫃」が欠乏している。このように物語の始まりは「欠落」か「過剰」である。この崩壊したバランスを取り戻すために、物語の主人公が強い変革欲求を抱き、努力したり行動したりする、というわけだ。消費者はこうした主人公が持つ欲求をならい、いつのまにかそれを自分の欲求として意識するようになっていく。(16)

サントリー「伊右衛門」のテレビCMで描かれているのは、次第に影が薄くなりつつある〈日本人の仕事力〉を復活させようとする物語といえる。物語の設定は江戸時代のようだが、そこは「まじめな仕事ぶり」があまり認められない社会であり、これはまさに現代日本の風潮を暗示している。主人公の「伊右衛門（本木雅弘）」は、日本一のお茶をつくりだしたいという強い変革欲求を抱くものの、仕事に集中するあまりに私事を顧みない、少し時代遅れの純粋な職人という設定である。しかし、彼のつくりだすお茶の味は素晴らしく、それが彼に対する周囲の見方を変えていく……。

お茶飲料の中核ユーザーは三〇～五〇代のホワイトカラー層であることから、この広告にはそうした働き盛りの男性の支持を獲得しようという意図が込められている。このCMを見た消費者は、ともすると時代遅れでダサいとみなされがちな「一生懸命仕事をすること」「卓越した技術によって世の中に認められること」といった価値観の大切さを、改めて確認することになる。さらに言えば、そうした仕事ぶりを認めてくれる母性的な存在としての妻、さらにはその妻のメタファーである「ペットボトルのお茶飲料」を、自らの傍に置いておくことへの安堵感を意識するようになるのである。

主人公の自己イメージへの適合、さらには欲求の顕在化が発展すると、主人公の行動への模倣や追体験を志向するようになる。そのプロセスにおいてブランドは、消費者の大切なパートナーとなっていくはずである。

映画やドラマは、「自分はこういうことをやりたかったんだ」という、夢や憧れの形を具体化することがある。プロ野球選手が野球を始めたきっかけが野球マンガ、医師を目指した理由は『ブラックジャック』などの医学マンガだった、というケースも多い。日本アニメは今日、世界的な影響力を持つというが、サッカーを始めた理由が『キャプテン翼』への憧れであったというプロサッカー選手は、国内のみならず、世界中にいくらでもいる。

こうした「人生を賭けての模倣」とまではいかなくとも、物語の中のあのシーンやあのファッションを真似したい、という気軽な欲求に対応する仕組みも登場してきている。その端的な例は、映画やドラマの世界を追体験できるテーマパークの存在であろう。韓国の済州島では、ペ・ヨンジュン主演のドラマ『太王四神記』で使用した、高句麗時代の王宮のセットをテーマパークとして公開している。また楊州市にある「大長吟テーマパーク」は、『チャングムの誓い』の撮影当時のオープンセットがそのまま残されている観光スポットである。

旅行会社のＨＩＳでは、映画の登場人物と同じ体験ができるパッケージツアーを企画した。映画『キル・ビル』体験を日本でできるツアー「サムライソードアクション」（『キル・ビル』の振り付け師から、刀の使い方や演技を学ぶことができる）がそれで、二〇～三〇歳代の欧米人を中心に人気を博している。このような「体験型」は、これからの観光業・サービス業のキーワードのひとつといえる。

ここで採り上げたのは、コンテンツ作品の登場人物をそのまま模倣・追体験できる事例だが、物語の主人公を自分自身の立場に照らしあわせて、現実的な行動の中で模倣を試みるようなことは日常的にある。物語の主人公による空想的な実現は、模倣や追体験を通じて、消費者の現実的実現を達成するためのモデルとなるのだ。

「物語は、われわれの欲望、感情、目標に形を与えてくれる」と、社会学者のリーアン・アイスラーは語る。(17) それまで漠然とした欲求だったものが、主人公に対する投影によって「こういう生活をしたい」「こういう仕事につきたい」「こういう人を恋人にしたい」、そして「こういう商品が欲しい」といった具体的な欲求に変わっていくのである。

消費者のこうした「もやもやとしていた気持ち」に具体的な形を持たせ、目標の設定や行動喚起を促すのも、物語の効能のひとつといえるだろう。

❸象徴的アイテム化効果

物語は、「複数の出来事が、時間的連鎖によって並べられたもの」と定義されることがある。物語研究は、アリストテレス以来さまざまなアプローチがあるが、構造主義や物語論においては「物語に共通する話の流れ（シークエンス）」に焦点が当てられてきた。ロシアの民話学者のプロップやフランスの記号学者・グレマス、あるいはアメリカの神話学者のキャンベルといった研究者たちがその代表例である。彼らの研究成果をここであえて乱暴に要約すると「伝えられている物語、多数の人に共感をもたらす物語には共通の話の流れが存在する」ということ、さらにそれは「主人公の旅立ち（環境変化）→試練→協力者の獲得や主人公の成長→最後の戦いと目的の成就（→帰還）」といったシークエンスになる、というものである。

米国の脚本家ジェームス・ボネットは、この法則を「試み＋失敗＋内省＋努力＝望んでいた結果」と彼なりに捉えているが、こうした物語の構造分析は、ハリウッドの脚本づくりにも実際に適用されている。[18] 例えば、スピルバーグ監督の映画『スターウォーズ』は、キャンベルによる神話分析をヒントに、シナリオが作成されたとも言われている。

筆者は、こうしたシークエンスを「越境」→「危機」→「成長」→「勝利」という四ステップで捉えた。[19] これは、主人公の成長プロセスを示すものだが、同時に「共感を生み出す最強の方程式」ともいえそうだ。こうしたプロセスのどこにブランドが登場し、それは主人公にとってどのような意味をもったアイテムとなるのか、を考察していくのは、それなりに興味深い作業と考える。物語の中にブランドを組み込むということは、それぞれのシーンを形成する重要なアイテムとしてブランドが位置づけられるということである。

仮に、物語に登場するアイテム（ブランド）と主人公との関係をこのフレームにあてはめて考えてみると、

- 「越境＝主人公の環境変化をつくる原因となるシンボル（自己拡張アイテム）」
- 「危機＝主人公の危機を救い、癒しや慈悲をもたらすシンボル（自己保持アイテム）」
- 「成長＝主人公を成長させ、活力や能力を高めるシンボル（自己変革アイテム）」
- 「勝利＝主人公の勝利により、獲得・贈与されるシンボル（自己報酬アイテム）」

といった位置づけができる（図表4-9）。いくつか、その実例を見てみよう。

①越境＝自己拡張をもたらすアイテム

一九九八年に公開された米国映画『ユー・ガット・メール』は、見ず知らずの男女がインターネットで知り合い、恋に落ちていくといったロマンティック・コメディである。この映画は、インターネットサービスプロバイダーのＡＯＬによるブランド・インテグレーション作品であり、公開当時は「You've Got Mail」というメール着信サウンドが、大いに話題になったものだ。

この物語の中でＡＯＬのネット接続サービスは、登場人物たちをそれまでの日常から解放し、新たな局面に越境させる象徴的なアイテムとして登場している。通信サービスだけでなく、旅行や交通機関、自動車やバイクといった乗り物、さらには宅配便や引っ越しなどの運搬サービス、マンション販売やリフォームなどの産業などが、消費者に自己拡張をもたらすアイテムとして描かれることが多い。

②危機＝自己保持をもたらすアイテム

トヨタ自動車「マークX」のテレビＣＭは、佐藤浩市演じる

◉図表4-9　物語の流れと象徴的アイテム◉

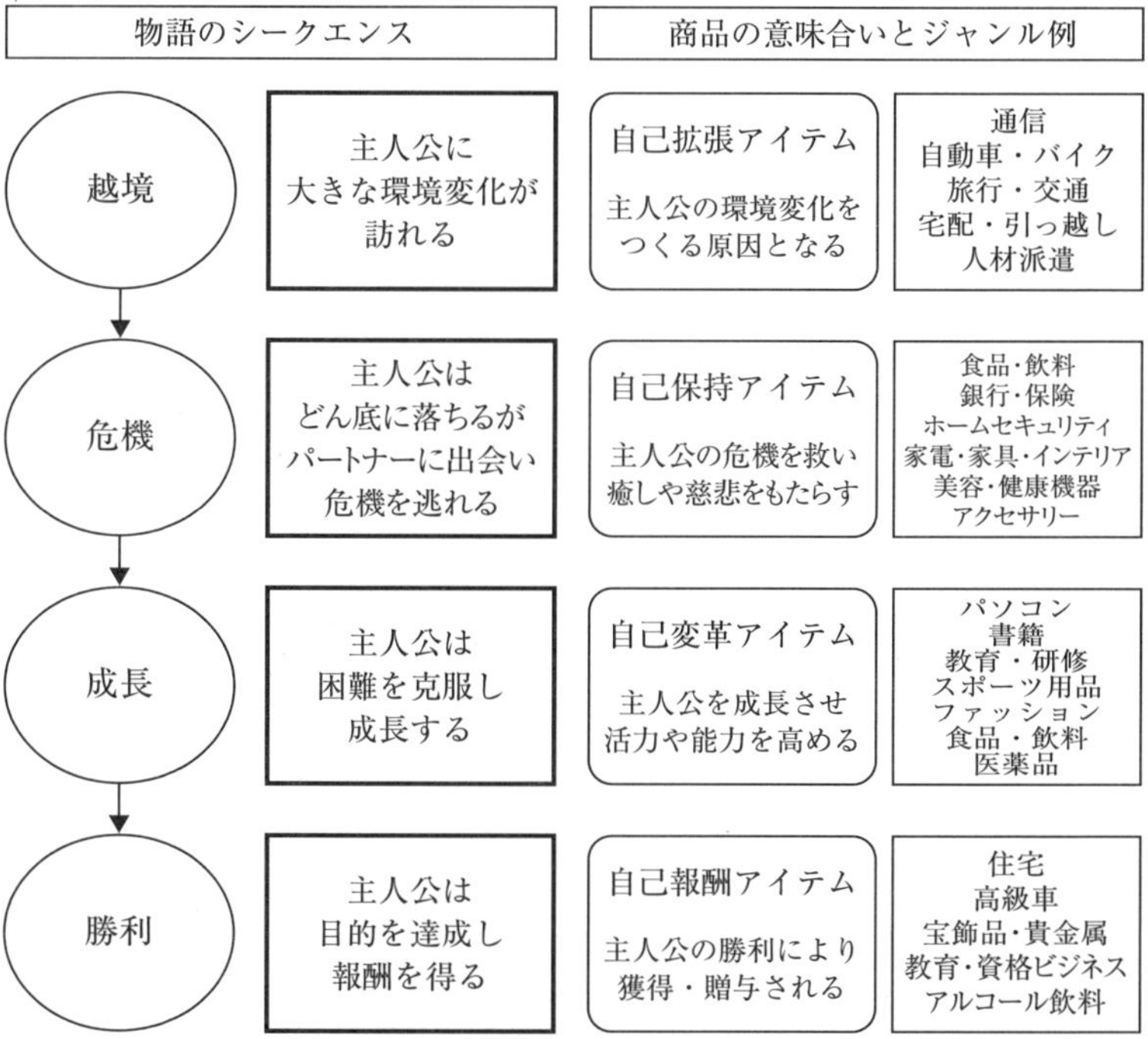

中間管理職を主人公とした物語広告の形式を採ってきた。二〇一〇年のニューマークXデビューのプロモーションにおいても、やはり佐藤浩市主演の動画「SAMURAI CODE」を核としたブランド・コミュニケーションを行っている。

初期広告シリーズの中に、佐藤が自らの上司に「君は部下に対して優しすぎる」と叱責され、そのあとでマークXを運転しながら「俺は俺のやり方でやる」と宣言するバージョンがある。ここでは、主人公の心の危機を救う「自己保持」的な商品として、マークXが位置づけられている。大人の男が自分自身と語りあい、自分自身を肯定することのできる唯一の場として「自動車の運転席」が描かれているわけだ。

保険・金融サービスからバラエティグッズまで、癒し効果をもたらすアイテムは多いが、自動車がそのようなポジションで捉えられるのは珍しい。男心の本音、消費者インサイトを見極めたストーリー表現といえよう。

③成長＝自己変革をもたらすアイテム

資生堂の企業CM「新しい私になって」は、戦後を代表するCMディレクター・杉山登志を描いた特別番組（二〇〇六年八月二八日）のみでオンエアされた広告である。しかし、宣伝部への相次ぐ問い合わせやYouTubeにアップされた動画へのアクセス数など、そのあまりの反響の大きさに、急遽追加放映を決めたという、文字通り記念すべき広告作品となった。本CMを物語広告と位置づけるのには無理もあるが、しかしこの表現が感動をもたらした原因は、やはり物語性にある。

広告表現の構造を示すと「背伸びして、ランクの高い相手にふられる（越境）」→「好きな男性に受け入れてもらえない容貌の悩み（危機）」→「死んだ母も使っていた資生堂製品での化粧（成長）」→「本当の美を身につけた新しい生活の始まり（勝利）」となる。ここでは「資生堂」商品が、主人公に伝統的な価値観や正統の美とは何かを気づかせ、精神的な成長をもたらすアイテムとして登場しているように映る。

④勝利＝自己報酬をもたらすアイテム

サントリーBOSSの「宇宙人ジョーンズ」シリーズは、主人公トミー・リー・ジョーンズが、刑事、タクシー運転手、大工、政治家、工事現場の作業員、カラオケ店店員、時代劇のエキストラなど、さまざまな仕事に携わりながら、地球を調査するという物語広告となっている。同シリーズでは、「この惑星の住民」のロクでもなさに当惑しながらも、頑張った自分に対して褒美を与えるように缶コーヒーを飲むラストシーンで終了する。つまりこの広告では「自己報酬（自分へのご褒美）」財として、缶コーヒーBOSSが位置づけられているわけだ。

このように物語には、それを受容する側にも予め備わっている「たぶんこうなるだろう」という展開のパターン、つまりシークエンスがあり、その中で登場するブランドは、それぞれのシーンで機能する象徴的アイテムとして表現されていく。ブランドコンテンツを物語の形式で創出することは、そこに登場するブランドを、主人公が成長するプロセスの中で重要な意味を持ったシンボル（アイコン）

として表現することができる。物語の中で重要な意味合いを持つアイテムとは、消費者にとっては単なる消費財ではなく、自分自身が悩んだり、成長したりした時に傍らにいてくれた「人生のパートナー」となりうるのだ。

近年、商品を「自己イメージ」との関わりで捉えようとする分析アプローチもあるが、では完璧な自己イメージを有する消費者が存在するかというとはなはだ疑問である。むしろ状況や気分、相手によって変化したり、日々異なったりする「自己」とつきあっているというのが実情であろう。だとすれば、「変化し、成長する自己」というプロセスの中で、商品がどのように使われるか、どのようなシンボリックな意味を持つかを考えたほうが有益と思われる。そういう観点からすると、物語の構造とブランドのアイコン化というアプローチも、それなりに意味のある方法かもしれない。

❹社会＝消費＝自己への肯定効果

物語には二重の意味で、消費者に「肯定的な意識」をもたらす作用があるものと考えられる。ひとつは、他者と同じ欲求を抱くことへの安心感、もうひとつは社会や未来に対するポジティブな姿勢の回復である。少し踏み込んだ議論になるが、これらは「物語」と「マーケティング」とをつなぐ重要なテーマであるので、しばしの間おつきあいいただきたい。

まずは、「他者と同じ欲求を抱く安心感」について考えてみよう。

文化人類学者の山口昌男は、「コミュニケーションの本質とは、断片化された人間を、より大きい枠組みの中に根付かせる仕掛けであった」と述べている。山口によれば、物語とは、ひとりひとりの人間が「より深いアイデンティティに根ざすことを助けるための言葉及び事物（筆者注：「商品」を含む）」が「演劇的な文脈における互恵的な交換システムを媒介して提供される」仕組みとなる。[20]

つまりわれわれは、物語によって、より高いレベルの属性を見出すきっかけをつくりだすことができるというわけだ。平たく言うと、物語の登場人物に、自分と似たような境遇や価値観を発見することができ、それによって「自分を含む自分たち」の立場が発見され、肯定され、認められるのである。例えば、映画『ダイ・ハード』のファンが、主人公マクレーン（ブルース・ウィルス）に見出す属性とは、「アメリカ的なヒロイズムの信奉者」「ドン底でも決して諦めない人間」「悪を憎む正義漢」「不器用な愛妻家」「アナログで時代遅れの男」などであろう。さらには「単身赴任の中年男」や「左利き」「刑事」といった属性を見いだす人もいるかも知れない。そのいずれかが「自分と同じ」であり、こうした属性をこの物語が肯定してくれることで、自らの精神的な居場所も見いだせるのだ。

物語は、「自分はこういうことをしたかったんだ」という欲求を顕在化させることも多い、と述べた。しかしそれと同時に、「こういうことをしたいのは自分だけじゃなかったんだ」というメタ認知を生じさせるのも、物語の特性である。伝統的な物語が、通時的なメタ認知（ご先祖様も、自分と同じ気持ちを抱いた）を呼び起こすのに対し、今日流通するブランドコンテンツは、共時的なメタ認知（世の中の人は、自分と同じ気持ちを抱いている）を生み出す働きを持つ。つまり、自己の感情や欲求、さらにそれに伴う消費という行為を、「社会的に正しい」と認めるきっかけを与えるのである。消費者が真の意味で商品を受容するためには、それが社会的に正当な行為であること、つまり「みんなそうだから自分もこの商品を欲しがっていいんだ」という覚醒のステップが必要になる。それをもたらすのが「物語」というわけである。

映画館の醍醐味とは、たまたま同席した赤の他人同士が、同じ場面で笑い、同じ場面で泣くところにあるとも言われてきた。「みんなここで笑うじゃないか、だったら自分も笑っていいんだ」という快感やカタルシスを覚える場が、映画館であるともいえる。わざわざ高い観賞券を買って映画を見る理由として、こうした「感動の共有装置」への魅力を指摘する人も多い。シネマ・コンプレックスに光回線をつなぎ、スクリーンにスポーツ中継やコンサート、ミュージカル、オペラ、歌舞伎などを映し出す試みもすでにスタートしている。消費者が映画館に求めているのは、映画そのものではなく、「感動を他者と分かち合う時間」だという視点に基づいた変革であろう。ちなみに二〇世紀初頭の米国で全盛を博した映画館の前身「ニッケルオデオン」においては、観客全員が同じ歌曲を唱和するプログラムが用意されていた。[21] 映画鑑賞が「お上品」なものになっていくプロセスで、ニッケルオデオンも淘汰をみたが、今日のシネコンの変化は、映画館本来の持つ役割の回復でもあるのだ。

また最近、NHKアーカイブなど、テレビ番組を見逃した視聴者向けのキャッチアップ放送が本格化しつつある。こうしたシステムが普及する背景にも「知人同士の会話の輪に入りたい」という視聴者の欲求が見え隠れする。デジタルメディアの時代になっても、物語に対する消費者の態度は、以前とそれほど変わらないのかもしれない。

民俗学や人類学の視点からも、人々のアイデンティティの仲立ちをする物語（特に神話）の重要性についての指摘がみられる。「消費者はひとりひとり個性やニーズが異なるから、アプローチも断片化、個別化すべきだ」という主張には一見、説得力もあるが、ではメッセージやコンテンツもすべて個別化すべきかどうかとなると、恐らく違う。むしろ、地縁・血縁・会社縁などのコミュニティが解体の危機に瀕している今日だからこそ、「他者と同じ」を認識できる精神的支柱が求められている時代ともいえる。

「自分はどこから来てどこに行くのか」を説明するのが伝統的な物語（神話）の役割だが、今日における消費を巡る物語もまた、現代人に向けて同じような説明を行っているものと考えられる。さらには、そのような説明を果たしている物語だけが、消費者の無意識や本音（インサイト）の琴線に触れている、とも言い換えられる。

さて、次に考えてみたいのは、物語の持つ「社会や未来に対するポジティブな姿勢の回復」という作用についてである。

物語は思想や精神の表現であり、主題（theme）や論点（thesis）を持つものとみなされている。それは「友情」であれ、「勧善懲悪」であれ、「永遠の愛」であれ、この社会がこれまで高い価値を見出してきた主題の繰り返しという面がある。

今日、「ご当地ヒーロー」ないし「ローカルヒーロー」と呼ばれているキャラクターが活躍している。一説によると、日本全国に三〇〇ほどのヒーローが存在するともいわれ、秋田県の「超神ネイガー」

など、ビジネスとして成功する事例も生まれてきている。これらもまた「地域へのロイアルティ獲得」（さらに言うと「観光客誘致」や「地域ブランド産品の販売」）を目的とした、自治体・コミュニティにとってのマーケティングの一環と位置づけられる。ただしよく見ると、これらのご当地ヒーローたちのほとんどは、環境汚染やマナー違反、そして過疎や高齢化による地元活力の低下といった、地域社会を危うくする社会問題（の化身）と戦う構造を示している。例えば、種子島のヒーロー「タネガシマン」は、迫り来る環境破壊と戦う設定だ。福岡県福岡市博多の「チャリエンジェル」は、自転車の不法投棄や無断駐輪を阻止するという任務を持っている。つまりこれらは一見「新しいヒーロー」ではあるものの、実は地域社会がこれまで引き継いできた伝統的価値観を継承する物語なのである。

このような意味において、物語は（そして、物語性を持った広告やブランドコンテンツは）、本質的に「保守的」な性格を持っている。バルダ・ラングホルツ・レイモア[22]が、「広告は現代の神話である」と指摘するのも、そうした観点からである。青木貞茂は、このレイモアの主張を含め、一九六〇～八〇年代に盛んに議論された「広告のマクロ機能」とは、以下の四点であると集約する。[23]

①「消費はよいものだ」ということを示す
②新商品、新しいカテゴリーの商品等未知のものへのマクロ的な集合的欲望を生む
③常に経済社会・人は成長し、明日はより良くなるという確信を形成する
④ブランドをシンボル化して意味を伝える記号や言葉として流通させる

むろんこれらの「機能」には、日々高度化していく消費社会への批判的な視点から、広告やマーケ

ティングの弊害として指摘された言説も含まれている。青木は、こうした批判的言説も踏まえた上で、近代資本主義社会に生きる現代人にとっては「自己成長と社会成長の鏡像としての広告」「自己の価値を表現する記号としてのブランド」が、現実世界には不可欠である点を指摘した。

ブランドコンテンツとして提供される物語の大半は、いわゆる「ビルドゥングス・ロマン（成長物語）」の形を呈する。物語の帰結は「成長した自己」であり、その成長を支えるのがブランドや企業という形をとることになる。

サントリーBOSSの「宇宙人ジョーンズ」シリーズCMをここで振り返ってみたい。ジョーンズの携わるさまざまな仕事は、「このロクでもない惑星」の実態調査のための仮の姿である。しかし、彼が不意に本気を出すと、そのとてつもない能力であっけなく問題を解決してしまう。このように「この惑星の住民は、この程度の仕事を満足にこなすこともできていない」ということを示すシーンが、幾度も登場する。しかし、それでもこうした仕事や、同僚たちにも愛すべき側面があり、それを認識することが主人公にとっての「成長」なのだ、という終わり方となる。そして自らその成長を認識したときに、報酬財としての缶コーヒー「サントリーBOSS」が授けられるのである。

私見だが、「このロクでもない惑星」は「日本」の象徴であり、主人公トミー・リー・ジョーンズは恐らく、「不況期に就職し、自分の意思に沿わない職場で働いている若手サラリーマンたち」の象徴である。よって、この物語広告で暗示されているのは「本来自分はこんなところにいるはずの人間ではないのに、訳あってこんな仕事をしている」「この会社や同僚はどうしようもないが、ちゃんとつきあってみると良いところもある」「いろいろ不満もストレスもあるが、とりあえずは、今の職場でやっていこう」という意識なのだといえるだろう。一見ロクでもないけど、実は愛すべきところも多い「現在の職場」を肯定する保守的なメッセージが、ここに暗示されているのである。

社会や未来に対するポジティブな姿勢、とはいうものの、高度成長期の日本の広告のような、「技術力と勤勉性による明るい未来」という単純な図式は、もはや全く通用しなくなっている。本シリーズは、そのあたりの難しさを顕著に反映した物語広告であるといえよう。

❺語り直し効果

深層心理学領域に「神話産生機能（mythopoetic function）」という概念がある。ミソポエティックとは造語だが、哲学者の井筒俊彦はこれを「説話的自己展開性」と訳している。[24] 人間の無意識というものは、物語を自ずから紡ぎだす傾向がみられる。外部からの情報に無意識が勝手に反応し、さまざまな自己解釈や編集を行いながら、自分なりの物語を創り出してしまう、ということである。ただしここでいう「物語」とは、前述したような構造やシークエンスを備えたものばかりではない。荒唐無稽なものもある。その典型が「夢」である。しかし、フロイトが提唱したように、今日において夢は患者の精神分析をする上で、格好の素材とみなされている。また、日常的にも、われわれは夢からヒントを得たり、自分の真の欲求を発見したりすることはある。

こう考えると、企業発のブランドストーリーは、それに接触した消費者の心の中で駆動し、展開していくところに大いなる意義がある。つまり、企業発の物語に対して消費者は自分なりの物語を展開するが、そのように「語り直された物語」にこそ、ブランドに対する真の評価が込められるはずだからである。

ただし語り直された物語は、多種多様な表現形態をとる。それはときに企業発のメッセージの受け売りであったり、ブランドに対する態度表明であったり、自らの信念であったりするだろう。但し、いずれにせよそれらは、元の物語が生んだ〝語りの連鎖〟なのである。物語は「誰かに語りたい」「語ることで誰かと同じ感動を共有したい」という気持ちを生み出すことがある。自分だけでとどめておくことができず、他者を巻き込みたい意欲に駆られるのだ。つまりは、俗に呼ばれる「クチコミ」であるが、このクチコミこそ、ソーシャルメディア時代のマーケティングにおいては重要な働きをもたらす存在となる。

『日経おとなのOFF』尾島和雄編集長は、昨今の「うちごはん」「おとりよせ」ブームの背景にあるものは、不況による倹約意識やネットの浸透といった要因だけではない、と指摘する。ホームパーティーに招いた側が客に対して、おもてなし商品について「語りたい」欲求があり、むしろ「語るため」にホームパーティーを開いているようなものなのではないか、というのだ。したがって、今日売れている取り寄せ商品には必ず「語れる要素がある」[25]。ネット通販でいまやひとつのジャンルを形成するまでとなった、いわゆる「ワケあり」商品も同様である。極論すれば「安いから買う」のではなく、「安い理由を語れるから買う」ということだ。

こうしたタイプの「語り」もまた、ひとつの物語であることに変わりはない。しかしこれらは、ブログやツイッター、SNSなどを通じて表明されない限り、広がりも生まれなければ、なかなかその実態を把握することさえ難しい。また、コンテンツとしての表現にまで昇華されたものではないため、共有や観賞の対象とはなりえない。そこでいっそのこと、消費者が描くブランドストーリーをコンテスト形式で募集し、それを公開しようとする方法も現われてきている。

二〇一〇年春にグーグルが実施した〝さがそう〟キャンペーン第二弾においては、YouTubeに投稿されたアマチュア作品をベースとしたテレビCMが、実際にオンエアされた。二〇〇九年一二月から、「すべての検索にはストーリーがある」をコンセプトとした広告表現案を公募し、全国から集まった一二、〇〇〇件あまりの応募作品からグランプリを選出、それをもとに音声検索などの新機能も組み込んで、制作し直したものである。グランプリ作品は「検索を駆使して、星空の下でプロポーズする」といった内容で、福岡県在住の二〇歳の学生が考案したものである。

いまこうした、いわゆるCGA（消費者制作広告）が、大きな注目を集めている。ただし本来これらは、企業がその存在を認めない「アンオーソライズドCM」などとも呼ばれてきたものである。二〇〇四年にフォルクスワーゲン・ポロのアンオーソライズドCMが、ネット上で話題を振りまいた例などは有名だ。「ポロに乗ったテロリスト風の男が、カフェの前で自爆テロを謀るものの、屈強なボディを誇るポロは爆発しない」といったストーリーであった。これに対してフォルクスワーゲン側は法的措置をとったと言われるが、その完成度の高さは当時、大いに評判を呼んだ。

国内でCGAが脚光を浴びるようになったきっかけは、二〇〇七年にネット上に登場した「勝手広告」の存在が大きいと思われる。勝手広告とは、ムービーインパクトが推進するプロジェクトで、ある特定の会社や製品のCMを、ユーザーが個人的に（広告主に無許可で）制作したものを指す。「誹謗中傷しない、著作権の侵害をしない、広告主と関係ない趣旨を明記する」というルールさえ守れば何をつくってもOK。テレビCMの時間制限もない自由な表現が、すでにYouTubeなどの動画サイトに多数アップされている。「Z会」など、勝手広告の制作者に制作依頼するようなケースも出てきた。

しかし、全てのブランドが消費者制作広告を成立させるわけではないだろう。「知っている」「好きである」「利用経験のある」「エピソードが浮かぶ」ブランドだけがおそらく、消費者の自発的な広告制作を促すのである。つまり「企業が語る物語」がきちんと機能しているからこそ、「消費者が語る物語」が、それを引き継いでくれるというわけだ。ブランド価値もコンセプトもよくわからないブランドが、どうぞ自由に広告をつくってください、といっても、消費者が反応するはずはない。

企業が消費者の制作する広告を公募したり、あるいは歓迎したりする姿勢は、あえて完結しない物語を提示し、それを消費者が補うことで物語が完結するコミュニケーションのスタイルと言い換えてもよかろう。ブランドとは、企業と消費者との共同幻想であるとするなら、こうした双方向型の物語（広告）づくりは、ブランディングの方法論として非常に有効に働く。

説得理論を用いるとするならば、これは「結論保留の効果」にも繋がる策といえそうだ。社会心理学者の榊博文によれば、説得相手に十分な理解力がある場合、話の内容が分かりやすい場合、そして結論を出そうという動機が強い場合には、説得者側はあえて結論を保留し、相手方に結論を語らせた方が効果は高まるという。(26) つまり、ブランドへのある程度の先行理解を持った消費者に対して、物語の結論部分を自ら語らせるような誘導策は、企業が「皆まで語る」方法よりも、遥かに説得性を有したコミュニケーションになってくる可能性が高い、ということだ。

こうした消費者補完型のコミュニケーションは、広告表現のコンテスト形式を採る手法もあれば、ソフトバンクモバイルのように、あえて「ツッコミどころ」を残した広告を展開し、消費者の語りを誘発するような方法もある。

いずれにせよ、ブランド発の物語が初動作用となり、消費者の語りが生まれていくこと、そして消費者による語りが補完されてこそ、ブランドは双方向から形づくられた〝幻想〟として強固な存在に成長していくこと、をここでは確認しておきたい。

作品としてのブランドコンテンツ

次に、コンテンツの第五の特性である（芸術）作品性という側面から考えてみたい。

アートもエンタテインメントも、人間の創造的活動から生み出されるアウトプットという意味では変わりないはずだが、一般的な認識では、前者が崇高なものであるのに対して、後者は娯楽の対象とされる。また後者が事前に「価格が決められている」のに対して、前者は「後から値がつく」といった区分もある。しかし今日、アートとエンタテインメントとの垣根は、それほど意識されなくなってきているように映る。村上隆など、アートの側からエンタテインメントの世界に積極的にアプローチする作家も登場してきている。

では「広告」と「コンテンツ作品」とではどうか？　一本あたり数千万というテレビCMの制作費を考えると、広告もまた立派な「（芸術）作品」である、と言いたいところだが、おそらく世間一般にはまだその垣根は取り払われてはいないかもしれない。

◉図表4-10　⑤作品としてのコンテンツの効果◉

長期的な外部効果

企業の文化的資産として、中長期にわたって影響を生み出す可能性を持つ

ファナティック（狂信者）形成効果

特定のファンに支持されることにより、顧客主導のプロモーションが展開されるきっかけをつくることができる

批評対象化効果

批評する対象として位置づけられるため、専門家やファンの間で意見・感想が流通していく

権威化効果

アート（作品）としての体裁を確立することにより、情報としての価値が上がる

作者レバレッジ効果

作者への関与をもたらすとともに、作者をレバレッジ（梃子）としたブランドへの好感度形成をもたらすことができる

ブランドコンテンツは、企業からの無償の贈与だと書いた。では贈与品の価値とは、どこで決まるのだろうか？

文化人類学者の中川敏は「贈り物の価値は、贈られた側にどれだけ『役立った』かではなく、贈った側がどれだけの『犠牲』を払ったかによる」と述べる[27]。すなわち贈与とは、贈る側の手間や損失が大きければ大きいほど価値が高い。ネット通販で気軽にみつくろって贈る高額商品よりも、自ら店に出向いて選択し、相手用にカスタマイズしたり、メッセージを入れたりした贈り物のほうが、たとえ価格は安くても「価値がある」と感じてもらえるはずだ。

贈与としてのブランドコンテンツは、創意工夫を施し、時間とコストをかけてつくりあげた「作品」として消費者に触れることで、その価値も上がるというわけである。

❶長期的な外部効果

ＮＨＫ大河ドラマの経済効果は、莫大なものがあるといわれている。『毛利元就』（一九九七年）が九三七億円、『徳川慶喜』（一九九八年）は二四〇億円、といった試算結果がある。『利家とまつ』（二〇〇二年）は石川県に七八六億円、『義経』（二〇〇五年）は山口県に一七九億円、『功名が辻』（二〇〇六年）は高知県に八四三億円の経済効果をもたらしている。福山雅治が主演した『竜馬伝』（二〇一〇年）も、当初の試算を大きく上回る五三五億円の経済効果を生み出したという。

一方、映画館の持つ経済効果の大きさについても、すでに各方面からさまざまな指摘がある。映画を観ればポップコーンも食べ、ビールを飲み、関連グッズを買い、上映が終われば食事もし、ついでにショッピングをしてしまう、ということである。つまり、映画チケット単独の支出にとどまらず、関連消費の裾野が大きい。日経産業消費研究所調査（二〇一一、n＝一、〇〇〇）によれば、映画を観るついでに出費する金額の平均値は二、一六六円。観賞券の金額一、五〇〇円の一・四四倍を、映画以外の消費に使うという結果があらわれている。最近、地方都市などで試みられているコミュニティシネマの開設には、こうした「消費活動のコア施設」をつくりだそうという意図も込められているようだ。

ただし、コンテンツの持つ効果を考察する上では、作品接触前後の短期的な経済効果だけに話をとどめるべきではない。

コンテンツは著作権を持つ一方、公開された段階で準公共財的な特徴を持つことから、図書館蔵書やデータベースなど、社会的に、アーカイブ化される可能性を持っている。作品として後世まで残れば、その外部効果も温存されることになるだろう。このように「中長期的にみて価値が出る」のは、アート作品においては顕著な傾向であるが、エンタテインメントコンテンツにおいても、無縁の話ではない。

特にデジタルコンテンツの場合、時間が推移しても、品質に劣化が生じる可能性は低い。むろん、社会的コンテクストの中で相対的に作品の価値が下がることはあっても（流行遅れなど）、視聴や観賞に差し障りが生じる本質的な劣化が生まれることはない。

よって、数年から数十年という長期的スパンで、なんらかの効果が生じることも考慮に入れてよいはずである。スポーツ漫画に感銘を受けた少年が、主人公と同じようなプロ選手を目指し、のちにトップアスリートとして活躍するというのも、ひとつの外部効果の例であろう。また、ＳＦ映画にインスピレーションを受けた科学者が、画期的なイノベーションを生み出すような事例もある。若者向け大衆小説が国語の教科書に収録され、国民レベルの文化水準向上に貢献することだって、ひとつの外部効果といえる。つまりコンテンツの「効果」については、公開段階では正確な予測ができないのである。関連グッズや観光収入のみで経済効果を語るのは、短絡に過ぎるというわけである。

２００９年３月にフジテレビで放映されたドラマ『黒部の太陽』（黒部ダムの発電所建設に不可欠であったトンネルの難工事を成功させるストーリー）には、「電力の危機はこの国の危機だからね。熊谷組もそこに誇りを感じたから（工事を）引き受けたんだ」というセリフが登場する。熊谷組では、本ドラマの製作費を供与するなどの措置は行わなかったものの、トンネル図面や建設機械、復元した社章入りヘルメットの貸し出し、さらには社員が撮影現場で演技指導するなど、企業として全面的に協力した。

ドラマ後半の平均視聴率が一八・六％という数字を達成しただけではなく、連動したイベントやパブリシティ効果なども相まって、広告宣伝費に換算すると一〇〇億円以上の効果があったとする。(28) しかし、中長期的に見れば、金銭には還元できないような、さまざまな効果が生み出されるはずだ。『黒部の太陽』のストーリーが喚起する「ロマン」「男らしさ」「社会への貢献」「チャレンジ精神」「リーダーシップ」「未来志向」といったイメージが、熊谷組という企業のイメージと確実に重なってくるからである。これは一〇〇億円の広告費をかけたとしても、そう簡単に達成できるようなことではない。

　ブランド・インテグレーションと呼ばれるシナリオ作成段階からのタイアップ策は、こうした中長期的な効果を狙ったものである。ただし数年間にわたる映画製作の時間を考慮に入れると、こうした形のタイアップは、企業にとってリスクが大きい。たとえどんな好条件で製作が進行したとしても、その間に企業買収、業績不振、不祥事などが起きれば、上映された作品はむしろ逆効果にも繋がりかねない。ましてや、担当部署（宣伝部や

◉図表4-11　「作品」の持つ長期的な外部効果◉

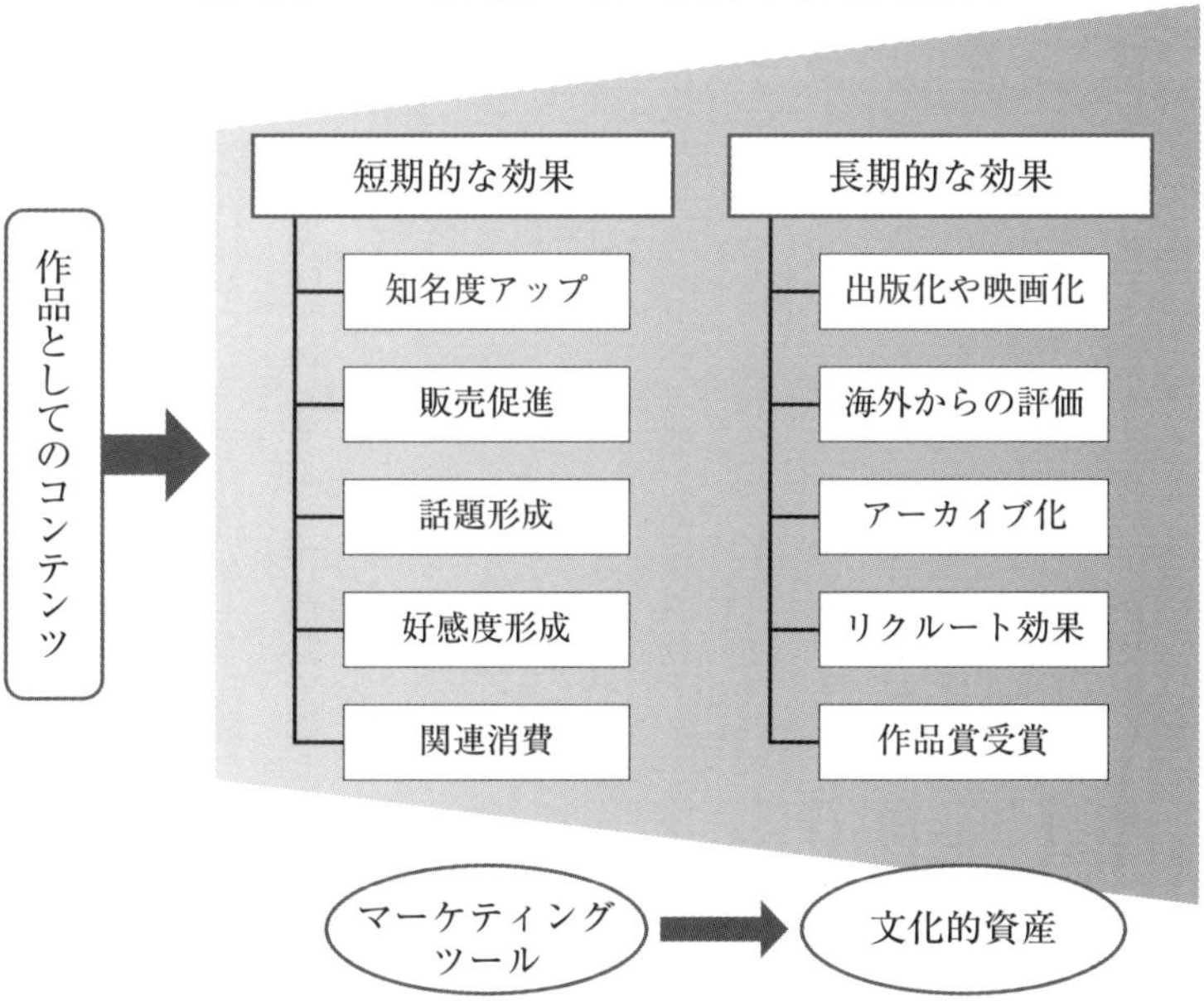

広報部）責任者の人事異動による方針転換などといった些細なことも配慮した場合、日本企業においてはなかなかタイアップまで踏み切れないのが実情だという。

長期的な外部効果を前提とした作品制作を、「マーケティング」の一環で展開するのは、現時点においては難しい面もある。将来的に効果が温存されるとは言っても、それは全く未知数であり、対投資効果の計算とは馴染まない企業行動だからである。広い意味での企業の文化活動であり、トップダウンで推進されるべき企業のブランディング活動となってくるであろう（図表4-11）。

❷ファナティック（狂信者）形成効果

コンテンツ財はジャンルが多様であり、タイトルは一応、唯一無二という性格を持つ商品である（もっとも出版業界などにおいては、ベストセラーが出ると、あっという間に類似タイトルが続出する傾向もあるのだが……）。

そのため、強い嗜好選択性や高い関与性を生み出す傾向がある。嫌いな人は見向きもしない一方で、好きな人は強いこだわりを抱いてくれる、ということである。そして、消費者がこだわりを持つ対象とは、メディアやジャンル、作者、個別作品と多様であり、複雑だ。

タイアップ型のマーケティングでは、既存作品のファンをブランドのファンに移行させるという狙いが込められることが多々ある。特に、作品の支持層とブランドのターゲット層が重なる場合は、有力な手法となる。コンビニ各社が、映画やアニメとタイアップしたキャンペーンを若者層対象に展開したり、食品メーカーが知名度の高いアニメキャラクターを設定して子供を持つ世帯へのアプローチを強化したり、という事例は枚挙にいとまがない。

もちろん、こうした万人受けするようなプロモーションもありうるのだが、コンテンツの内容次第では、特定少数に対する内集団（ingroup）意識を形成することも可能である。つまり、マニアックでコアなファンを醸成できるということである。実際に、いささかマニア受けしそうなオリジナルコンテンツを制作し、それを限られたユーザー向けに配信する手法がインパクトを持ちつつある。

二〇〇六年秋、ナイキジャパンはスポーツシューズをカスタマイズできるウェブサイト「ＮＩＫＥｉＤ」のプロモーションの一環として、「アキバマン」キャンペーンを実施した。「秋葉原を歩くオタク風サラリーマン・ジミダー鈴木氏が、三八人の戦隊ヒーロー（アキバマン）に追い回されて裸にされ、最後はカラフルな存在に変わっていく」というストーリーのオリジナル映像を、動画投稿サイト・ＹｏｕＴｕｂｅのみで限定放映したのである。マスメディアでの告知などは一切行わなかったものの、このエンタテインメント動画の存在を察知したネット利用者が核となってクチコミが活性化され、最終的にはマスターゲットまで巻き込んだ話題づくりにも成功する。公開から一カ月で視聴回数は二五万以上にものぼり、ＮＩＫＥ・ｉＤのキャンペーンサイトへの誘導という目的にも貢献した。

さらには、誘導先のキャンペーンサイトにも仕掛けを施した。シューズのみならず、自分だけのオリジナルアキバマンをカスタマイズできるページを、別途設定したのである。このコーナーでは、コスチュームの色やポーズなど、自分の好みでアキバマンをカスタマイズができる（かのように見える）。

そして最終的に、自分だけのオリジナルアキバマンの料金が表示され、「レジに進む」というボタンが現れる。しかしこれを押すと「Just Joke」のメッセージが表示される、というものだ。つまり「すべては冗談」ということだが、ここまで遊びにつきあってくれたユーザーが、これで怒ったりすることは、まずない。

本作品は、いわゆる戦隊ヒーローもののパロディであるが、そのメッセージや制作意図は、いわば「わかる人にはわかる」内容となっている。また、この映像の配信先がＹｏｕＴｕｂｅに限定されていたことから、特定の消費者との〈共犯意識〉を生み出すことに成功したのではないかと思われる。

本キャンペーンを推進したナイキジャパンの箕輪光浩氏は、ネット上でクチコミが生み出される条件は「ウソ？　ホント？」「言葉はいらない」「フィジカル」「毒素」「優越感」の五要素だと指摘する。[29]企業の広報姿勢では常識とされる「真実を伝える」「きちんと説明する」「誰にでも好まれる」とは真逆の方向性こそが、むしろブランドに対するファナティク（狂信者）を生み出す結果となる、という知見である。

ブランドコンテンツは、つくり方や伝え方によっては、少数であるが非常に強いファン意識を持った「狂信者」を生み出すことも可能だ。「このシャレがわかるか？」という問いかけに対して、「わかる！」と反応する人たちだけが、熱くそのコンテンツを語ってくれる。そしてそのファンが核となった、顧客主導のプロモーションが展開されるきっかけをつくるのである。

マーケティング・コミュニケーションの中に、こうしたコンテンツが組み込まれることによって、顧客は「ターゲット（射られる的）」から、「プレイヤー（演じる主体）」に変わっていく。そのプレイヤーたちに自発的に遊んでもらえる場やツールを提供すること、そして彼らを「マネジメント（管理）」するのではなく、「賦活（ファシリテート）」することが、今日におけるマーケッターの主たる役割である。

❸批評対象化効果

作品として位置づけられたコンテンツは、批評や観賞の対象となる。CMは、テレビ放送の中では「広告」にすぎないが、カンヌ映画祭などに出展すれば「作品」であり、評価の対象とされる。さらにそれらが受賞の対象になれば、その広告で商品が売れたかどうかとは別次元の評価や尊敬を、広告主企業は獲得できる。

さらに作品としてのコンテンツには、いくつもの「批評空間」を生み出すという特典がある。筆者がここで批評空間と呼ぶのは、専門家やジャーナリズムによる批評や解釈、オーディエンスによる感想・意見の表明が流通する場の総称である。

単純な話、ウェブサイトでショートフィルムを配信し、それと連動させて掲示板を設置すれば、オーディエンス同士の「批評空間」が生み出される。このような場から、コンテンツやブランドに対するオマージュが発生し、それらは口コミを通じて随所に波及していくことにもなるだろう。ソーシャルメディアを連動させれば、さらにその波及効果も上がるはずである。

再三の紹介となるが、ネスレコンフェクショナリーが「キットカット」のブランディングにおいて制作したショートフィルム『花とアリス』のケースでは、ウェブ上に併設した掲示板に六、〇〇〇もの書き込みが入り、見た人の九割以上が鑑賞を他者にも薦めるという反響が得られた、といわれる。作品として鑑賞し、批評するだけの価値があったからこそ、こうした意見表明が生じたわけである。

ユニリーバ「ラックス」のショートフィルム『アルケミスト　輝きの秘密』（二〇〇九年）においても、ブログや映画評論サイトなどでは、一種の「作品」として採り上げられ、意見・感想が交わされるといった状況をつくりだした。広告ではなく、一種の映画として捉えられたのである。

書籍化という方法もある。エピソード広報の事例として既に紹介したパナソニック「isM」の内容は、『発見!!　ものづくり魂（スピリッツ）松下電器を支える現場の底力』（日経BP社、二〇〇四年）として書籍化されている。また『前田建設ファンタジー営業部』（二〇〇四年）、『前田建設ファンタジー営業部Neo』（二〇〇七年）も、『銀河鉄道999』のメガロポリス中央ステーションを建設したらどうなるか？　といった空想科学プロジェクトを掲載する「ファンタジー営業部」の出版化だ。

これらのサイトは、確かにウェブコンテンツとして一定の評価を獲得してはいるのだが、それだけでは一企業の販売促進策という枠組みで捉えられて終わり、ということにもなりかねない。しかしこうした形で出版化すれば、新聞・雑誌の書評欄にも掲載される可能性もあるだろうし、アマゾンのレビューでも意見・感想が投入されることになる。

心理学者の内田伸子は、物語を「聞きながら相槌を打つという行為は、決して受け身の行為ではない」と述べる。[30]近代社会とそれに連なる大衆化社会は、演じる側と観客とを隔絶していった。観客は決められた席で、社会的なルールに基づき、決められたタイミングで拍手するなど、受動的な方法でオマージュを表現する立場を強いられてきた。しかし、内田が示したように、近代以前のコミュニティにおいては、聞く側が〝能動的な相槌〟によって「語り」の場に参加しており、そのときに発生するコミュニティの連帯感もまた、作品の楽しみのひとつなのであった。

今日、こうしたオーディエンス発の能動的な相槌は、ブログやＳＮＳ、ツイッター等のソーシャルメディアから生まれている。世界最大のＳＮＳ・フェイスブックの「Ｌｉｋｅボタン」などにも、そうした機能が込められている。作品に対するオマージュがきっかけとなり、オーディエンス同士が結びつくこともありうる。

ブランドと顧客との関係強化もさることながら、ブランドへのロイアルティをもった顧客同士を結びつけることも、今日的なマーケティングの課題といえる。ブランドコンテンツへの接触をきっかけに、能動的な相槌が発生し、流通する状況をつくり出すことは、顧客間のインタラクション形成に大きく寄与するはずである。

このように「作品」としてのポジションを獲得することで、批評や鑑賞、意見、感想などの発生が約束される。つまり、批評するに足る対象とみなされる、ということだ。こうした「反響」がフィードバックされることで、企業や制作者の精神的な賦活にもつながっていくはずである。また、同じ作品を共有した顧客間の関係が生まれ、その関係がファン組織となって、顧客発のプロモーションに発展していく可能性もある。これは「売上」や「利益」とは全く異次元のレベルでの効果であるが、今日の「評価経済社会」（岡田斗司夫）における、マネジメントの流儀と捉えるべきであろう。

企業は製品のみならず、作品を供与することで市場から高い評価を獲得することができる。そしてその反響を糧とした、新たな生産活力も発生するのである。

❹権威化効果

ブランドコンテンツは、単なる商業情報（広告）ではなく、アート（作品）としての体裁を確立することにより、情報としての価値を上げていくこともできる。

二〇一〇年三月、インテルでは「あなたを作家にするプロジェクト」をウェブ上で開催した。なぜ「作家」か、というと、パソコンは「未来を開拓する道具」であり、インテルは「あなたの未来のスポンサー」であるという位置づけからである。

利用者はサイトで〝作家登録〟し、テンプレートを使って文章や写真を投入すれば、それらはバーチャル書籍として同サイトの本棚に並ぶ、といった仕組みだ。さらには最優秀作品に選ばれれば、提携先のマガジンハウスから実際に出版物として世に出すこともできる、という特典つきであった。

素人が書き込んだブログなどのＣＧＭが書籍化されたり、映画やドラマの原作になったりするケースも登場してきているが、通常、ネット上に書き込まれただけの情報を「作品」と呼ぶことはない。しかしここでは、ユーザーの書き込み全てがひとつの「作品（単行本）」として表示することができる。

と同時に、企業側からのメッセージも、それらと同次元の「作品」として見てもらう形とした。本棚は「ノンフィクション」「エッセイ」「日記」「小説」「実用」「旅行記」……といったジャンル別になっているのだが、その中に「インテル」というコーナーがあり、インテル著『インテルの最新テクノロジー』という書籍などが置かれている。また、閲覧した書籍を閉じる際には、インテル発のメッセージ入りの「しおり」が登場するといった演出も加味されていた。

本サイトは、ユーザーの創造性を支援すること自体が目的であり、企業発のメッセージをテキストで伝えるのは副次的効果と位置づけられているかも知れない。ただこのような形で、ブランドメッセージを「作品」として演出する手段もありうるという点に気づかせてくれる事例である。

さて、ブランディングについて語る上では、いわゆる「ファッションブランド」についても触れておかねばなるまい。ファッションブランドがいま、アート作品と連携を深めることによって、さらなる権威を示そうとしてきている。

最近、韓国のソウルにパビリオンを建設したプラダをはじめ、ルイ・ヴィトンやクリスチャン・ディオール、カルティエなどがアートイベントをアジア各都市で開催するなど、著名ファッションブランドが、アートとのコラボレーションを盛んに行いつつある。これと並行するように、ウェブ上で芸術性の高いショートフィルムを配信する手法も目立ってきた。例えば、シャネル『フィッティングルーム・フォリーズ』（モデルのララ・ストーンによる五分あまりのアートフィルム）やクリスチャン・ディオール『ザ・レディ・ノワール・アフェア』（マリオン・コティヤール主演の六分半のショートフィルム）などである。なおこうした映像作品は、ランウエーショーに反映されたり、ショウルーム・店舗・広告と連動したりといった多面的な活用もされている。

海賊版が横行し、ファストファッションが隆盛を極める中、こうした高級ブランドは価格競争に巻き込まれないことを最大のマーケティング課題と認識しなければならない。したがって、これまで以上の高級路線、付加価値路線を志向する必要がある。その現れが、アートとのコラボレーションであり、アート型コンテンツの提供といえよう。

ブランディングとは、言い方を替えれば「権威づけ」でもあることから、こうした戦略は、ある意味で王道かつ古典的ともいえる。ただし、顧客との距離感をむしろ広げるような戦略でもあることから、この路線だけで走り続けていると、息切れする危険性もあろう。

❺作者レバレッジ効果

東宝映画を観て感動し、「やっぱり、東宝はいいよな」と言う人はあまりいないだろう。ＡＫＢ48のファンだからといって、所属する「キングレコードが大好き」というわけではないはずだ。コンテンツは、それを制作した企業に対する好感度というよりも、あくまでアーティストや作者に対するファン意識を芽生えさせるものである。コンテンツのブランドは「タイトル」や「作者」に発生しても、「企業」には発生しにくい、という議論もある（「スタジオジブリ」など例外もあるが）。

ブランドコンテンツによるコミュニケーションの場合も、それを創作した「作者」が存在することにより、さまざまな効果が生まれる場合もある。単純な話、作者への共感や好感度は、作者が薦めるブランドへの好感度にもつながってくるであろう。また、作者の独自の解釈によってブランドが表現されることにより、企業の自画自賛ではない、共鳴度の高いメッセージに発展していく可能性も高い。

タレント広告は、好きなタレントがレバレッジ（梃子）となってブランド好感度が形成されるわけだが、コンテンツの場合は、作者がそのレバレッジ役を果たす場合もある。コンテンツは、思想や主張を内在した知的生産物であるがゆえに、その発生源を「企業」という匿名の存在にしてしまわないほうがよい。ブランドコンテンツの「作者」を明示し、むしろその作者に関与してもらう仕掛けをつくることにより、共感度や説得力は、より高まっていくものと思われる。

BMWでは、五木寛之の短編小説『雨の日には車をみがいて』の文庫版を一冊、七シリーズ見込顧客向けのダイレクトメールに封入するという施策を行った。これは二〇〇五年に実施された販売店によるキャンペーンで、翌年のDM大賞を受賞した。

本キャンペーンの目的は、「顧客の人生に新しい情熱を注入すること」であった。一九七〇～八〇年代が五木寛之の執筆活動の最盛期とすれば、ニューBMW七シリーズの想定顧客層である中高年男性にとってその時代とは、五木という作家とともに、自動車にも同時に憧れた青春時代と一致する。したがって本施策は、「若かりし頃好きだった作家」をレバレッジとしたブランディング策にもなっている。当然、コスト高の施策となったが、「当社にとって、DMこそブランド哲学を伝える重要なツールである」という考え方に基づいて、ディーラーにも理解を求めたという。

作者のみならず、映画であれば監督やシナリオライター、出演者に対する好感度、音楽であればアーティストに対する好感度が、ブランドへの好感度に転移するのは容易に予想されるところである。このような、作者への「リスペクト意識」が、消費者心理を揺さぶる可能性がある。ただし、著名なクリエーターや大御所の作家を起用するだけが能ではない。またしてもダイレクトメール施策ではあるが、対照的な事例を示そう。

あきゅらいず美養品は、スキンケア商品の企画開発と通信販売の会社である。二〇〇九年冬に実施した顧客向けダイレクトメールでは、坂井美輪さんという宣伝部の新入社員が、自分の体験をもとに商品理解を深めていく内容の、手書きのマンガを封入した。これは「みわ通信」と名づけられ、全五回にわたるシリーズDMとして展開された。他媒体との連動したキャンペーンでは、レスポンス率が五〇%に達し、ユーザーから坂井さん宛にファンレターが続々と寄せられるなどの反響を得ることになる。なおこの「みわ通信」は、第二四回全日本DM大賞の金賞を受賞している[31]。

本施策が喚起したのは、顧客と同じ目線に立つ作者への共感であろう。坂井さんは、「生協の白石さん」などと同じような、身近な存在として親近感を持たれたようである。今日、例えばケータイ小説の読者層である一〇代の女子高生たちは、作者に感想を送り、続きの執筆を頑張れ、と激励する。SNSやツイッターの存在が、作者とオーディエンスとの関係のあり方を大きく変えているという点も意識してみたいところだ。

マーケティング目標やブランドと顧客との関係などを考慮の上、作者を顧客にとっての「憧れの存在」と位置づけるか、あるいは顧客と「同じ立場の存在」と位置づけるかの判断は必要であろう。このようにコンテンツは、作者という存在を軸とした、新しいタイプのプロモーションを成立させる可能性を秘めている。また、商品開発やパッケージデザインといったブランディングの川上領域においても、音楽や映像のクリエーターに参加してもらうなどのコラボレーション策も考えられるところだ。「ブランド」と「顧客」という関係軸の中に、「作者」「クリエーター」「アーティスト」という要素が入ってくることにより、より強固な関係が築き上げられる可能性がある。

なお、今日における商品開発においては、映画などのコンテンツ作品をプロデュースするのと似た状況が生まれている、といった見方もある。消費者は商品の機能やコストパフォーマンスだけでなく、デザインや官能性、センス、愛着などを強く求め始めている。こうした要素を商品に込めていくには、これまで商品開発プロセスに参加することがなかったタイプのアーティストやデザイナー、職人、他社の技術者など、異分野の人材の協力も必要となる。よって商品開発は、こうした異能人を率いた開発プロジェクトとなる可能性があるが、プロデューサーにはそれらを束ねるための「強い思想」が、求められる。いうなればそれが、商品の世界観である。例えば、アップル社ｉｐｏｄの事例において顕著なように、商品の持つ独特の世界観が社員や協力企業などを巻き込み、さらには消費者にも支持されて、ヒット商品につながっていくこともありうる。そしてその世界観は、開発者であるスティーブ・ジョブズの価値観に依るところが大きいとされる。つまり、「企業」という匿名のシステムからではなく、血の通ったひとりの人間の思想から商品が生まれていく構造である。これはまさに、映画製作と同じような仕組みといえよう。

二〇〇九年のことだが、藤原和博氏（リクルート出身で元公立中学校校長）が、自分の欲しい腕時計をプロデュースし、時計メーカーのコンスタンテ社に製造を依頼、商品（一個二〇万円前後）五〇個を予約販売で完売した。また、「ほぼ日手帳」はじめ、コピーライターの糸井重里氏企画による「ほぼ日」グッズも、好調な売れ行きを示している。デザインや手帳の企画がコンテンツかというと少し飛躍もあるが、これらは商品の「作者」に対する支持層が市場を支えた事例といえそうだ。さらには、自動車メーカーのプロジェクト・マネージャーが自らのブログを公開し、直接ユーザーとのコミュニケーションを図った例や、著名タレントがテレビ番組の中で考案したスイーツが販売されたケースなどにもみられるように、これからのマーケティングでは、「作者」の存在が、重要なポイントのひとつとしてクローズアップされてくるであろう。

「虚構」としてのブランドコンテンツ

コンテンツには「虚構」という側面があり、むしろその虚構性こそが大きな可能性を孕んでいるという点を、本章の最後に指摘しておきたい。

一般論として、小説やドラマ、映画などの大多数が虚構だとする説に、異論はないはずである。しかし、ドキュメンタリーやノンフィクション、ルポルタージュ、新聞記事、ニュース報道などにおいても「編集視点が加わっている」という意味において、一種の虚構だとする解釈もある。

ここでいう虚構とは、作者によって構築された独自の世界観があり、その世界観そのものが消費や参加の対象となるもの、という意味としたい。さらには、それがつくりものであること、嘘であることを、オーディエンス側も認識している点が前提となる。

企業は消費者に対し、真実をきちんと伝えなければならない、という生真面目な（そして極めて近代的な）広報的観点は、実のところいまだに廃れてはいない。ただし、事実を事実として伝える広報と、顧客と共有可能な虚構を創り出すマーケティングとを一緒に語ってはならないはずである。むしろ、虚構だからこそ成立する豊かな世界もある。消費者は、ブランドの虚構性（それが事実から生じていようがいまいが）を消費するのだ。

企業から提示されるブランドコンテンツは、制作にいかにお金がかかろうが、どんな著名アーティストを使おうが、所詮は「つくられた物語」である。さらにいうと、ブランドイメージ目標やターゲットセグメンテーションなどの指標に基づいて「知的

◉図表4-12　⑥虚構としてのコンテンツの効果◉

ハイコンテクスト効果

消費者との間にツーカー関係を生み出し、共犯意識を形作ることができる

創造的な関与効果

追創作や追体験といった、創意ある消費者行動を促進することができる

世界観共有効果

独特の世界観により、異なる立場の人たちの間で、同じビジョンを確立させることができる

に創作されたストーリー」にすぎない。

しかし、だからといって、人を感動させられないかというとそうではない。たとえ、つくり話であろうがSFであろうが時代劇であろうが、感動してもらえることはできるし、その結果として、ブランドや企業に好印象を持ってもらうことも可能である。逆に、つくり話ではない「事実」を正確に伝達したところで、感動してもらえるとは限らない。したがって、ブランドが語るべき物語は虚構でよいのか、事実に基づいたものであるべきかといった議論には、あまり意味がない。

スティーブン・ブラウンは、一九世紀の見世物興行師・バーナムの採った手法を再評価し、「親しみのあるだまし」「陽気なごまかし」「遊び心のあるペテン」こそが、今日におけるマーケティングにおいても重要だと述べる。なぜならば人間は、巧妙で、創造的で、驚きを与えてくれる限り、ウソを歓迎するからだと言う(32)。

本章の最後に、虚構の持つ効用について触れてみたいと思う。

❶ハイコンテクスト効果

馴染みの店に行って「いつものやつね」と言うと、期待した通りのメニューが出てくる。……これが、企業と顧客とのハイコンテクスト（ツーカー）関係である。一九九〇年代に大流行したリレーションシップ・マーケティングの目指すところは結局、このハイコンテクスト状態であったといえる。しかし、なにも顧客の購買履歴に関する膨大なデータベースを構築することが、そのための絶対的なルートではない。共通の知的興味や嗜好の提示を通じて、顧客との間に「同胞意識」を芽生えさせることが、なによりもそこへの近道となることがある。

東京・池袋サンシャインシティに開設されているナムコ・ナンジャタウンは、ナムコが運営する屋内型テーマパークである。ここには「ナンジャコア」「もののけ番外地」「福袋餃子自慢商店街」「ゴースト13番街」「ナンダーバード」「マカロニ広場」「アイスクリームシティ」「東京デザート共和国」といったアトラクション全てに、ストーリーが設定されている。そのうちのひとつ「東京デザート共和国」は、「シュークリーム国の国王が、デザート文化を進化させることができるよう、他国と力を合わせてデザートの理想郷を作ることにした結果、つくりあげた国」といった設定になっている。

断るまでもなく、これらはすべて「虚構」である。しかし、その虚構による細かな設定があるからこそ、来場者はナンジャタウンという空間を面白がるわけだし、次のアトラクションはどんな食べものがテーマになるのだろうか、何をどうこじつけてくれるのだろうか、といった期待感を抱くことになる。

コンテンツの虚構性を「ウソ」だと言ってしまうと、野暮になる。ディズニーランドに行って、着ぐるみの中には人間が入っているから詐欺だ、と騒ぐ人はいないだろう。ウソをウソとして認識したうえで、あえてその設定に悪乗りし、楽しみながら参加するのがコンテンツの嗜み方だといってもよい。虚構に対して陽気に騙されることこそ、洗練された文化というものだ。

そして、こうした虚構性があるからこそ、コンテンツを提供する側と消費者側との間に、「自分たちだけが知っている」という小さな共犯意識のようなものが形作られる。今日、作品のディテールまでこだわり、物語では描かれない部分まで推察したり、年表や人物相関図までつくったりするような濃い関わり方（いわゆる「データベース消費」）をするタイプの消費者も生まれてきている。小さな共犯意識は、虚構を掘り下げ、自分なりに発展させたい気持ちに火をつけるのである。すでに触れたように、こうした虚構による世界観は、コンテンツやブランドに対するファナティック（狂信者）を生み出す可能性を秘めている。

物語の登場人物が企画・考案した、という設定で、商品が世に出ていくケースがある。商品のプロデューサーは架空の人物でありながらも、その世界観を共有するファンへのアプローチとしては、非常に強力なものが秘められている。いわゆる「バーチャル・プロフィル」型の商品開発アプローチである。いくつか、事例を見てみよう。

パン職人の少年を主人公とするテレビアニメ『焼きたて!! ジャぱん』（二〇〇四年〜〇六年・テレビ東京系）においては、オンエアされた翌日に、ストーリーの中で登場したパンを、実際にローソンなどで販売する手法が試みられた。山崎製パンが番組スポンサーになり、主人公の東和馬が創作した（あるいは主人公たちの世界で販売した）とされる「マヨネーズ焼きそば」「米粉入りピザパン」「カステラ風蒸しパン」などを、リアルの世界で店頭販売したケースである。

バンダイでは、『美肌一族』の主人公・美肌沙羅プロデュースという設定で、美容小物ブランドを開発・販売している。『美肌一族』は携帯小説からスタートしたストーリーで、化粧品会社ラブラボが原作の版権を所有している作品である。携帯小説と連動し、シートマスクを携帯サイトで発売したときには、一日で六万個以上が完売した。その後、東京ガールズコレクションにブース出展、テレビ東京系でアニメ放映、さらには美容関連書籍の刊行など、多面的なメディア展開にも発展している。作品の主人公・美肌沙羅は「美のカリスマ」であり、彼女のお勧め商品、愛用の服、プロデュースしたグッズ……といった商品を、次々に現実世界に送り出している、というわけだ。

『のだめカンタービレ』の登場人物・千秋真一が指揮したという設定で制作されたブラームス交響曲CD（二〇〇五）や、ドラマ『トリック』に登場した上田次郎・日本科学技術大学教授（阿部寛）が『どんと来い、超常現象』を出版した例（二〇〇二年）などは、コンテンツホルダー側からのスピンオフともみなされるが、登場人物プロデュース型の商品化という意味では、こうしたカテゴリーに含んでもよいだろう。

虚構がリアルな消費を生み出すという事態は、倒錯的な社会現象だとする向きもあるが、いまやけっして珍しいことではない。自分の分身である「アバター」のドレスアップを目的としたバーチャル商品の購入、あるいは疑似恋愛ゲーム『ラブプラス』（コナミデジタルエンタテインメント）のユーザーが、ゲーム内の恋人にプレゼントするケーキを購入するために、都内三店舗で長蛇の列をつくったようなケースもある。

このように、虚構は顧客参加のフレームを形成していくのである。その端的な例は、いわゆる追体験ツアーであろう。映画やドラマの舞台となった地域を観光し、主人公になった気分になれる、というもので、いまやコンテンツ・ツーリズムという言葉も生まれてきている。旅行会社のH.I.Sエクスペリエンス・ジャパンが企画した「サムライソードアクション」は、訪日外国人向け旅行プランの中で一番人気となった。これは、映画『キル・ビル』体験のできるツアーとして売り出されたもので、実際に映画の振り付けを手掛けた殺陣師から、刀の使い方や演技を学ぶオプショナルツアーである。

ただしこれらのケースは、虚構を共有しない人にとっては、極めて理解しづらい（気持ち悪い？）現象ともいえる。反対に、同じ物語設定を共有している者同士にとってみれば、「強く分かち合える」消費形態ともいえそうだ。仲間内の〝ネタ〟的コミュニケーションから消費が発生する状況を、社会学者の鈴木謙介は「わたしたち消費」と呼んだ(33)。こうしたハイコンテクスト（ツーカー）関係を創り出すプラットフォームこそ、共有できる「虚構」の存在であるといえるだろう。「二次元（コンテンツの世界）」の「三次元（リアル世界）化」を楽しむ遊びの精神は、経済の活性化にも一役買いそうだ。

❷創造的な関与効果

今日における消費行動とは、商品を購買し、利用するといったレベルにとどまらない。廃棄や修理などを含めても、まだ不十分だ。いまや「商品を改良・変形・カスタマイズする」「商品の新たな用途を考案する」「商品利用を前提とした趣味や自己表現を行なう」「同じ商品を利用する人とコミュニティをつくる」「商品のエバンジェリスト（伝道者）になり、他者を巻き込む」「企業側に対して逆提案する」といったことまで含めて、消費行動と捉えるべきなのである。つまり、企業が本来提示する商品というものに対し、消費者側の創造的な関与が伴うことで、消費社会に新たな価値が発生する。こうした現象を筆者は、市場における価値の創発と呼んだ(34)(図表4-13)。

この価値創発社会において、ブランドコンテンツは重要なポジションを有している。ブランドコンテンツは、ブランドの世界を溶解させ、そこに消費者を誘導する魔法のルートを形づくる。消費者は、コンテンツという表現様式や世界観に参加することで、ブランドに対する創造的な関与を果たすことになる。コンテンツは、消費者の創造性を刺激する知的触媒なのである。

コンテンツにおける表現のオリジナリティは、消費者による追創作やパロディへのスキームを与える可能性もある。ものによっては追体験イベントやコスプレ、モノマネといった関わり方も想定される。これらもまた、虚構のもたらす効果のひとつであるといえよう。

すでにポピュラーになったコンテンツを、消費者にあえてパロディ化してもらうことで、参加型のプロモーションを組み立てることもできる。

二〇一〇年四月、アメリカンファミリー生命では、医療保険新EVERのテレビCMなどを通じて大ヒットした『まねきねこダックの歌』を替え歌にして知人にプレゼントできるキャンペーンを実施した。「まねきねこダックの歌を作ろう、贈ろう。」と題されたウェブサイトでは、贈り先の名前と、歌詞の三番を入力すれば、独自の替え歌メッセージを創作することができる。また、その替え歌の存在を、知り合いにメールで知らせることができる、というものだ。『まねきねこダックの歌』は「たつやくんとマユミーヌ」による曲で、二〇〇九年一一月にシングルリリースされ、オリコン週間最高

◉図表4-13　市場における価値の創発◉

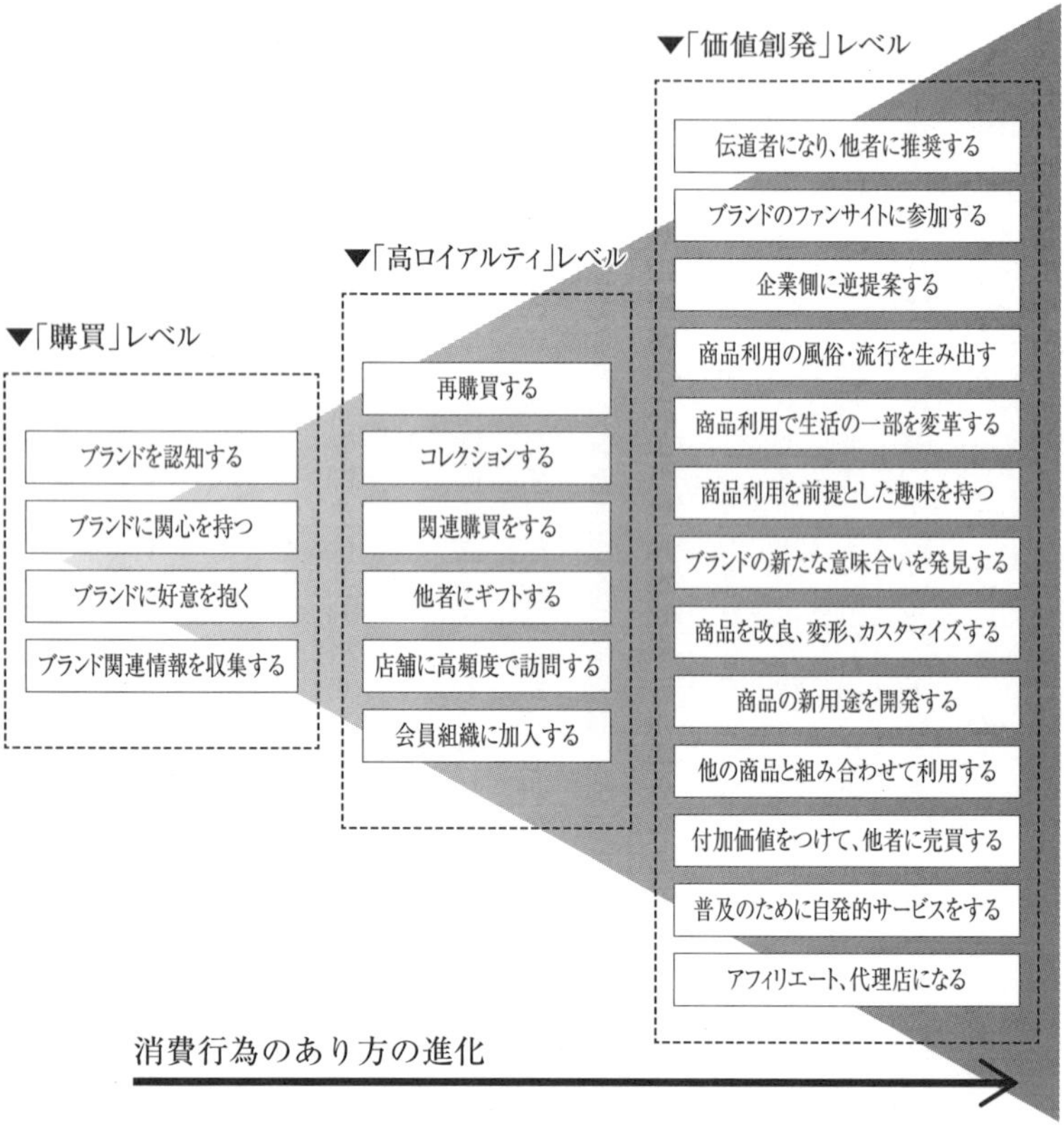
▼「購買」レベル
ブランドを認知する
ブランドに関心を持つ
ブランドに好意を抱く
ブランド関連情報を収集する
▼「高ロイアルティ」レベル
再購買する
コレクションする
関連購買をする
他者にギフトする
店舗に高頻度で訪問する
会員組織に加入する
▼「価値創発」レベル
伝道者になり、他者に推奨する
ブランドのファンサイトに参加する
企業側に逆提案する
商品利用の風俗・流行を生み出す
商品利用で生活の一部を変革する
商品利用を前提とした趣味を持つ
ブランドの新たな意味合いを発見する
商品を改良、変形、カスタマイズする
商品の新用途を開発する
他の商品と組み合わせて利用する
付加価値をつけて、他者に売買する
普及のために自発的サービスをする
アフィリエイト、代理店になる
消費行為のあり方の進化

順位は二四位まで到達した。同社はかつて『アヒルのワルツ』でもキャラクターと音楽によるコミュニケーションを組み立てている。

ネット上の動画を、ユーザーが自由にアレンジできる環境をつくることにより、コンテンツの楽しみ方を倍加させようとする試みも広がっている。ユーザーの考案したセリフを、アニメキャラクターが声優の声で発声してくれる、といったサービスや、ユーザーがフラッシュ技術で創作したアニメ作品やゲームを、他のユーザーが自由に改変できるウェブサイトもある。

すでに「批評対象化」の項でも述べたが、演者と観客、あるいは情報の送り手と受け手が隔絶されたのは、近代以降の出来事にすぎない。昔語りの場においては、語り手の話に合わせて、ある特定の場面になると、聞き手が掛け声や囃子声を合唱した。そうした聞き手の参加があって初めて、語りという「場」が成立していたはずである。

これは、連歌や連句、俳諧などに見られる「題詠」という方法とも通じる。連句とは、松尾芭蕉も好んだ集団創作イベントであり、日本の中世においては盛んに行われた。連句では、最初に席主が「五七五」の句を詠み、そのあとの「七七」を別の人が連ねるといった形をとる。例えば、芭蕉の連句集『猿蓑』によれば、席主が「市中は物のにほひや夏の月」と五七五の発句をすると、別の人が「あつしあつしと門々の声」という下の句をつなげている。さらには、「二番草取りも果さず穂に出て」に対して「灰うちたたくうるめ一枚」といった展開がされて、発句で示した「市中」の世界が、複数の参加者によって綿綿と創造されていく。こうした集団創作の場においては、意外な発展性やクリエイティブな解釈を楽しむことができたといわれる。

筆者は、このような「参加型の文化装置」に対する見直しが、今日の価値創発社会においては不可欠であると考える。現代の消費者は、コンテンツをそのまま享受するのみならず、自らの創意工夫でそれを加工・編集するたしなみを、すでに身につけてしまったからである。そうした加担創作行為に対する強いモチベーションの存在は、現在ネット上で繰り広げられる膨大なパロディや二次創作作品をみれば、明らかである。そもそもわが国においては、伝統的にこうしたパロディが非常に好まれる傾向はあった。江戸末期に起きた『源氏物語』派生作品の大流行から、今日における「モノマネ」番組の隆盛に至るまで、パロディは日本人の大衆文化の「型」として根付いている。

ブランドコンテンツにおいても、聞き手が参加できるような余白や、表現のフォーマットを提供することを通じて、「いじってもらえるブランド」「他者との間で話のネタとなるブランド」になっていく可能性は高まる。

ブランドコンテンツをベースとして消費者に遊んでもらうために、加工・編集・パロディ・追創作といった創造的関与を促す手法を検討してみる価値は大いにあるだろう。それは、既に述べたような「消費者によるブランドの語り直し」へと発展する可能性も高いからだ。

❸世界観共有効果

治安の安定しないイラクのサマーワでは、『キャプテン翼』（現地では、「キャプテン・マージド」）

のキャラクターを描いた給水車が、復興活動のシンボルとなっているという。敵味方、軍人、一般人、地元民、外国人問わず、「みんなが大好き」なこのキャラクターの存在は、再びサッカーを楽しめる環境の回復というビジョンを想起させているようだ。

　虚構はこうして、異なる立場の者同士が同じ方向を見る（共視）上での精神的な基盤づくりに寄与することがある。人々の連帯を生み出すうえで、虚構は大きな社会的資産にもなる。歴史家の渡辺京二は、江戸期の日本を評して、次のように語る。

「当時の日本では、虚言をいちいち神経症的に摘発して真実を追求せねば、社会の連帯は崩壊するなどと考えるものは、おそらくひとりもいなかった。彼らは人間などいい加減なものだと知っていたし、それを知るのが人情を知ることだった[35]」

　リコーエレメックスが試みたのは、『北斗の拳』の世界観でデザインした腕時計の開発であった。主人公・ケンシロウのキャラクターウォッチであれば簡単な話だが、わざわざ「バンドやケース、文字板など時計全体において『北斗の拳』が持つ独特の雰囲気を醸し出す腕時計」をつくろうと考えたのである。作者やデザイナーの思い入れだけではなく、デザインするプロセスで、ファンとのコラボレーションを絡めた点がまた特徴的であった。さまざまな人たちが、『北斗の拳』の世界観について大マジメに議論を繰り返し、最終的にはオリジナル商品が完成、限定販売された。

　虚構の持つ特有の世界観が具体的なビジョンを形成し、人と人との協力体制や対話を生み出した事例として「サムライ日本」プロジェクトの存在を挙げることができる。地域を「藩」と呼称し、二〇〇七年に仮想城下町〝三河国〟からスタート、その物語と世界観は「戦国白書」というウェブコンテンツなどを通じて発信されている。プロデューサーの安藤竜二氏率いるデザイン事務所（DDR）が、一地域五〇アイテム限定で参加企業を募り、商品企画・パッケージ・ウェブデザイン・販促企画を請け負う形で推進されている。補助金を一切受けない地域ブランド「サムロック商品」は、いまや東京・六本木ミッドタウンほか、ライフスタイルショップ、百貨店、地域のアミューズメント施設、ネットショップ、ハイウェイオアシス、空港、駅といったさまざまなチャネルで販売されるようになった。また、海外からも高い評価を獲得している。虚構上の「藩」に参加するというスキームのユニークさとわかりやすさが、参加企業にも消費者にも受け入れられた事例であろう。

ブランドビジョンや理念を、「言葉」のレベルで示したところで、なかなか共有が図れない場合も多い。抽象的な言葉や、美しいだけの形容詞では解釈にブレが生じ、実際には機能しない絵空事になるケースもある。社員の中で共有できない理念が、販売パートナーや、ましてや顧客にまで共有されるわけもない。しかし、ひとつのコンテンツを通じて、「こんな世界をつくろう」「こんな世界は素敵だよね」という具体的な「形」を示すことにより、立場を越えたさまざまな人たちが、それを理解し、賛同することができる場合もある。

さて、特定ブランドに対して寄与した施策ではないが、最後に既存コンテンツを活用した特異なイベントの事例を紹介しておこう。

「LUPIN STEAL JAPAN PROJECT」は、二〇〇九年一一月～一〇年二月に実施された史上初の

「窃盗イベント」である。まずは『ルパン三世』が、ソーシャルネットワークサービスｍｉｘｉにおいて公認アカウントを獲得し、参加者から〝ルパンに盗んで欲しいもの〟を公募した。その結果に基づいて、ルパンが各メディアを通じて犯行予告、その予告通りに渋谷のモヤイ像や、大阪のくいだおれ太郎などが盗み出されたことでニュースにもなった(36)。

これは「暗いニュースばかりが目立つ日本に、愉快・痛快な話題を提供して活力を与えよう」としたプロジェクトであったが、このイベントを企画～推進するには協賛企業のみならず、自治体や施設管理者などが同じ意識にならなければならない。しかし、それを成立させたのは『ルパン三世』という、誰にでも愛されているコンテンツの存在であった、ともいえる。

本キャンペーンは、あくまで企業サイドや広告会社からの「仕掛け」であったが、二〇一〇年末に起きた、全国の児童施設に匿名でランドセルを贈るという「伊達直人（マンガ『タイガーマスク』の主人公）」運動などは、虚構の共有が自然発生的な慈善活動を広めた事例といえるであろう。最初に寄付を行った人が、「伊達直人」と記名しなかったら、こうした広がりには至らなかったはずだ。

作家のサン＝テグジュペリは「愛するということは、お互いの顔を見つめることではなく、一緒に同じ方向を見つめることだ」と語った。マーケティングにおいても、同様のことが言えるかも知れない。企業と顧客が、市場取引を通じて対峙するのではなく、何かのもとにおいて、同じ方向を見つめている必要がある。つまり、ブランドの世界観が企業と顧客との間で共有されており、その世界観への「ファン」「理解者」であるという点において、企業と顧客との立ち位置は同じになる。そうしたオリエンテーションを生じさせるのが「コンテンツ」の存在である、ともいえる。

われわれが〈交換〉という時、売る側と買う側が対峙する状況、あるいは対峙するような理論モデルを描きがちである。しかしそうではなく、売る側と買う側が同じ方向を向く（共視）関係づくりのほうが、遥かに重要ではないだろうか。マーケッターと顧客との共通の精神基盤づくりを何によって果たすか、は永遠の課題であるが、その点でコンテンツが強く機能するケースもあると心得ておきたい。

【注】

(1)『日経流通新聞』二〇〇八年一二月五日。
(2)ペーター・コスロフスキー『ポスト・モダンの文化』ミネルヴァ書房、一九九二年。
(3)須田和博『使ってもらえる広告』アスキー新書、二〇一〇年。
(4)日経流通新聞、二〇〇八年一二月八日。
(5)茂木健一郎『生命と偶有性』新潮社、二〇一〇年。
(6)『日経エンタテインメント』二〇〇七年一二月。
(7)スティーブン・ブラウン（杉美春訳）『ハリー・ポッター　魔法のブランド術』ソフトバンククリエイティブ、二〇〇七年。
(8)チクセントミハイ『フロー体験　喜びの現象学』世界思想社、二〇〇九年。
(9)池田謙一・村田光二『こころと社会』一九九一年。
(10)『日経流通新聞』二〇〇九年四月一〇日。

(11) 関橋英作『チーム・キットカットのきっと勝つマーケティング』ダイヤモンド社、二〇〇七年。
(12)『日経流通新聞』二〇一〇年三月二六日。
(13) 加藤秀俊『メディアの発生　聖と俗をむすぶもの』中央公論新社、二〇〇九年。
(14) やまだようこ、『人生と病いの語り』東京大学出版会、二〇〇八年。
(15) 青木貞茂「広告の力を再興するために」『日経広告研究所報』二四九号。
(16) 福田敏彦『物語マーケティング』竹内書店新社、一九九〇年。
(17) リーアン・アイスラー（浅野敏夫訳）『聖なる快楽』法政大学出版局、一九九八年。
(18) ジェームス・ボネット（吉田俊太郎訳）『クリエイティブ脚本術』フィルムアート社、二〇〇三年。
(19) 山川悟『事例でわかる物語マーケティング』日本能率協会マネジメントセンター、二〇〇七年。
(20) 山口昌男『対象と媒介の磁場~交換と媒介（叢書文化の現在8）』岩波書店、一九八一年。
(21) 加藤幹郎『映画館と顧客の文化史』中央公論社、二〇〇六年。
(22) バルダ・ラングホルツ・レイモア（岡本慶一、青木貞茂訳）『隠された神話―広告における構造と象徴』日経広告研究所、一九八五年。
(23) 青木『前掲書』。
(24) 井筒俊彦『無意識と本質』岩波書店、一九八三年。
(25)『日経流通新聞』二〇〇九年六月二六日。
(26) 榊博文『社会心理学がとってもよくわかる本』東京書店、二〇〇八年。
(27) 中川敏『交換の民族誌』世界思想社、一九九二年。
(28)『日経産業新聞』二〇〇九年四月三〇日。
(29) 箕輪光浩『NIKE DIGITAL BRANDING』~ＪＭＲ戦略ケース研究会特別セミナー、二〇〇七年。

(30) 内田伸子『想像力――創造の泉をさぐる』講談社現代新書、一九九四年。
(31)『ブレーン』二〇一〇年四月号、宣伝会議。
(32) ブラウン（ルディー和子・訳）『ポストモダン・マーケティング』ダイヤモンド社、二〇〇五年。
(33) 鈴木謙介・電通消費者研究センター『わたしたち消費』幻冬舎、二〇〇七年。
(34) 山川悟「創発的消費をめぐって」DNP創発マーケティング研究者ほか『創発するマーケティング』日経BP企画、二〇〇八年所収。
(35) 渡辺京二『逝きし世の面影』平凡社、二〇〇五年。
(36)『ブレーン』二〇一〇年四月号、宣伝会議。

第5章　物語化との関係性

物語との距離

時代とともに商品の価値がかわるように、「物語」もその時代時代によって、生活もしくは消費者とのかかわり方が変わっていく。

吟遊詩人が奏でる詩歌、旅芸人が披露する音楽や物語のような非日常的なものから、パトロンに囲われた芸術家、音楽家、そして文字を読める人たちしか楽しめなかった書物のように、排他的なものであった時代。

記録メディアの登場によって、より広く開かれて誰でもアクセス可能となり大量消費時代となり、インターネットの登場によって、その傾向はさらに強まっていった。

そして、インターネットの登場によって大きく変わったのがエンターテインメント、今まで「バーチャル」と言われてきた物語や映画、音楽との距離である。

レコード、カセット、CDと記録メディアの登場と進化によって、エンターテインメントのコンテンツとのコンタクトはいつでも可能になってきた。さらにインターネットの登場によってユビキタス化し、時間、場所を問わずにいろいろな物語にアクセスできるようになってきた、というアクセシビリティという点において、エンターテインメントの世界は身近なものになってきた。

しかし、それだけではない。エンターテインメントのコンテンツそのものの完結性、対象化の点において、コンテンツは「身近」以上のものになってきた。それはつまり、コンテンツとのインタラクティブ性の問題であり、またコンテンツが作り出す世界そのものへと入りこめるようになってきたのである。

小説や映画などの「物語」で考えてみよう。

以前は小説の中身は確定したものであった。それは作者の著作権によって固く守られているということはもちろんであるが、書籍であったり映画であったりしても、その本を「読む」、映画のビデオやDVDを借りてきて鑑るということでしか、その世界には触れることはできないものであった。その世界に触れ、それを鑑賞することで自分の心の中にその世界を刻みつけるのであった。つまり、小説は「作者」のものであり、その世界観や言葉、思想に読者が影響を受けるのであり、その逆はない。ウッディ・アレンの映画『カイロの紫のバラ』の中でのように突然、スクリーンから主人公が飛び出してきて、私に話かけることはない。私がいくら主人公に恋をしても、それは叶うことがない恋であった。しかし、今の技術を使えば、スクリーンから主人公が飛び出してくることはきっと可能だろうし、その主人公が裏でアルゴリズムで動いていたとしても、私の好きな言葉をささやき、私の好きなものを知っていて、なぜか一緒に写っている写真が携帯電話の中に入っているというような心ときめく出来事はもはや実現可能なことである。
平野啓一郎の小説『ドーン』では、遺伝子技術から再現して、実在した人物とそっくりに振る舞う映像プログラムを用いて、実際には亡くなった子供をＡＲ（拡張現実）技術で嗜好や記憶がすべて埋め込まれたＡＲの投影として立体的に映し出し、亡くなった子供と一緒に暮らしていく様が描かれているが、このような技術が現実になれば好きな小説のキャラクターが自分に話かけてきて、同じ部屋の中で一緒に暮らすことも十分に可能である。現在でも、物語の主人公とツイッターで会話をしたり、マンガの主人公からメールが届いたりと物語の世界とつながりはじめている。

このように物語は、私の世界とかけ離れた世界にだけ存在するのではなく、私の世界に物語の世界が融合していくことが可能になってきたのである。以前のようにコンテンツは鑑賞の「対象」であるが、物語の世界はどんどんと身近な存在になってきた。それだけではない。たとえば恋愛ゲームで自分で恋愛相手を選んで、自分で行動を決めて、相手にメールしたりゲームの相手と出かけたりするとゲームの流れが変わっていくように、物語の世界観を操れるものとなってきたのである。

マーケティングのフィールドにおいて、戦略として消費者に近寄っていき、深い関係を構築する施策において、企業と顧客の距離を縮めてどんどんと身近になる戦略が多くなっている。そして同様に、その距離感を操作することがテクノロジーの技術によってどんどんと可能となり、物語世界との関係性が変わってきている。

その距離のコントロールが、物語型コンテンツのマーケティング、もしくは物語型コンテンツをマーケティングに活用する手段として成立しつつあるのだ。
まずは、その距離による物語世界とのかかわりを分類してみようと思う。
そこで次に示すように、物語世界との関わりを大きく三つに分けて考えてみたい。

①作品型

まずはコンテンツが閉ざされ、消費者が鑑賞者として物語世界を消費する「作品型」である。これはいわゆる伝統的な従来タイプの「映画」「小説」との距離を持つものである。その物語へは一人の鑑賞者としてかかわる。つまり、読者としてだけその物語とかかわり合うことができる。自分が読んだ小説の内容と他人が読んだ小説の内容は同一である。つまり、カスタマイズされていないものである。

また、その内容に不服であるからといっても、作品として完成しているその世界を変えることはできないのである。つまり、作品と鑑賞者は独立している。

一見、距離が最も遠い関係と思えるが、作品の世界が閉じていて、自分たちの手の届かないところにあるがゆえに、作品としての威厳や世界を守り続けることができる。

その作品の世界を敬愛したり、共感したり、感涙したりした人たちが、現実世界に物語の世界を持っていけるのは、いわゆる「おみやげ」、映画館で売ってるパンフレットやグッズなどであった。

しかし、近年、登場人物と同じ服や時計や携帯電話、映画のシーンを再現したディナーコースや物語の中で登場した料理店の料理、映画の世界観を再現した携帯電話（ガンダムのシャア仕様の携帯電話等、人気マンガ「ワンピース」のキャラクターをイメージしたメガネなど）様々な関連商品、関連サービスが登場している。

また日本の各地が現在、積極的に映画のロケ地誘致活動をしているが、それもコンテンツ関連サービスとしてのロケ地めぐりによる活性化を狙ってのものである。

あくまでもファン、鑑賞者としての消費者のとらえ方は、伝統的な図式にも思えるがしかしコンテンツ世界を守り、維持していくのには効果的な関係となる。コンテンツが独立した存在であるがゆえに、「聖地」として守り続けられる。だからこそそのファンも成立し、また崇拝もされるのである。

②参　画　型

これは作品型とは逆にその物語や物語をめぐるシステムに参加できるものである。参加の程度は大きく差があり、市場のニーズを組み入れて作品に反映させるという間接的な影響から、究極の参加は物語そのものを参加者みんなでつくりあげていくウィキノベルのようなものであろう。市場によって出来上がっていく作品である。

実は作品型も市場からの影響を受けている。それはエンターテインメントそのものが市場に対して「売る」ものとして成立した時からの運命である。富裕層をパトロンとしていた昔の芸術家も、そのパトロンの嗜好や意向を組み入れて絵を描いたに違いない。そうなるとそれはパトロンという市場の意図をくみいれていることとなる。消費社会となり、市場に売れることが前提となってくると、芸術の社会にも市場の原理が入りこんでくる。つまり、マーケティングを意識した作品となってきた時点で、消費者のニーズ、ウォンツを組み入れた作品づくり、つまり、マーケットイン型の作品となり始めるのである。それは、直接的ではないにしろ、消費者が少しずつ作品に関与し始めてきているわけである。

その象徴的なものが、「少年ジャンプ」のシステムのアンケート主義であろう。このシステムについての細かい説明は少年ジャンプに連載中の『バクマン』に譲るとして、読者アンケートの順位によって、作品の掲載が決まるというシステムは、常に市場を意識した作品を作らなくてはならないわけである。読者は、自分の一票がその連載や掲載順序に関係することを知って投票する。つまり、そのシステムの一員というわけである。

最近ではAKB48の「総選挙」などは、まさにシステムの一員としてファンを巻き込んだものである。ファンは自分の好きなアイドルが一位になるように、投票用紙を何枚も手に入れようとCDを何枚も買うだろう。何十枚、何百枚と投票券の入ったCDを買って投票した結果として、アイドルの運命が変わるのであるのだから、システムの一員である。「マイスペース」に曲をアップして、人気のあったものをアルバムとして発売するというように選曲を消費者に任せたもの、音楽配信で価格設定を消費者に任せるもの、等、市場にゆだねる部分がどんどんと増えてきている。

少年ジャンプのシステムにしてもAKBのシステムとしても消費者の意見としての参加であるが、

コンテンツ内容そのものにも参加できる仕組みも整い始めている。たとえば、『シスタープリンセス』などの読者参加型ゲームという読者がストーリーを投稿していき、また、キャラクターも設定していけるシステムである。かつて朝日新聞朝刊に連載されていた筒井康隆の小説『朝のガスパール』も読者からの投稿やパソコン通信での意見を反映して書かれている部分もある。

ゲーム、小説、音楽等、コンテンツの成立が程度の差があれ、消費者が参加する部分が多くなってきたのは否めない傾向である。消費者をコンテンツに関与させることによって、コンテンツそのものが身近なものとなり、「マイ・コンテンツ」化することによって、そのコンテンツを支援していく仕組みが出来るわけである。

インターネットの登場によって、プロとアマチュアの区別がなくなったということをよくきく。同様にプロの一人がコンテンツを作成するのではなく、みんなで作り上げるコンテンツ、みんなの経験の場のアウトプットとしてのコンテンツが今後はもっと増えてくるだろう。

③カスタマイズ型

このタイプは、既存のコンテンツの世界を自分の自由に動かして自分の世界を作りあげることができる「神の手」である。

たとえば、『ウイニングイレブン』では、実在のサッカー選手たちを自分のゲームの中で組み合わせて、自分の好きなメンバーのチームをつくることができる。同様に、『イナズマイレブン3』のゲームになると、ゲーム、アニメに登場するなんと二、〇〇〇人以上のキャラクターの中から自分の好きなチームをつくることができる。チームメンバーは自分で誘い、育成していくという自分の好きな世界を作り上げることができる。

この傾向は、昔からあったものである。たとえばマンガ『聖闘士星矢』に登場するキャラクターを使用して、ファンがオリジナルストーリーを作り上げ同人誌に発表するなどの現象もあり、好きなコンテンツを自分で動かしてみたいという欲求は前からあったものを実現したものであろう。世界そのものではなくても、ゲーム『白騎士物語』のように、登場するキャラクターの顔をカスタマイズできたり、宝塚歌劇団が展開している好きな曲だけ選んでカスタマイズCDを作成できるなど、要素はさまざまである。

物語と消費者の関係をどうすると、その消費者のロイヤルティがアップするのか、売上が伸びるのか、やはり、消費者との距離感が近いほうがマーケティング・コミュニケーションとして適切なのかということではない。いずれの場合もそれにふさわしい消費者との関係を築けば、それぞれの場合も強いロイヤルティ、エンゲージメントは築けるだろう。その場合に必要なのは距離感である。消費者との距離が近く、消費者とコラボレーションしていけるのがいいとは限らない。神様と一緒に暮したら、神様が自分の言うことをきいたら、それはもはや神ではないように、そのコンテンツをどのようなブランド価値を持たせたいのかによって、その距離感を変えていくべきだろう。

前述したように、物語の世界と消費者の関係が変わってきた。独立した物語世界は、ただ鑑賞するものだけであったのが、インタラクションするものへと変わってきたのである。それだけではなく、物語世界はフィクションである。しかし、技術の進展や様々な仕掛けによってフィクションのバーチャルな世界がリアルに溶け込んできたのである。

バーチャル対リアルという図式は以前はよく語られていたものである。バーチャルは仮想であり現実ではないというその図式においてバーチャルはインターネット上の空間を指されることが多かった。その場合、インターネット上のサイバー空間は、パソコンのスイッチを入れて、立ち上げるのを待ち、インターネットにログインしてアクセスできる世界であった。つまり、リアルからの距離がある世界、現実とはかけはなれた仮想世界という想定がされていたのである。

しかし、携帯電話がインターネットに接続し、スマートフォンが登場し、携帯ゲーム機も簡単にインターネットに接続できるようになってきた。また、ツイッターはネット上のサイトであるが、現実とサイバー空間をシームレスにつないで現実とサイバーの区別をなくしていく。フォースクエアなどのＧＰＳ機能付きの携帯電話のアプリで自分の居場所をサイバー空間で確認できるというように、リアルとバーチャルの区別はなくなってきている。

同様に、物語の世界もリアルの中に大きく浸透してきている。

リアルとバーチャルの区別がなくなりつつあるので、リアルな生活の中に物語は入りこんできている。ＩＴを使わなくても、メイク技術や撮影技術の進化によって物語世界が実際になったり、物語の現実化が多くおこってきている。

先ほど述べた距離を自由自在に演出できるのである。

具体的にみてみよう。

物語を現実に組み込ませる

ＡＫＢ48は「会いにいけるアイドル」として、秋葉原の専用劇場で毎日のようにステージを行っていることは有名であるが、それはメディアの中の手の届かない存在であったアイドル、手の届かない別世界の存在が毎日会える存在になってきたのである。

等身大ガンダムも現実に登場し、アニメの中で現実では見ることができない、ありえないことが現実に登場してきた。

マンガやアニメで人気を博した『テニスの王子様』がミュージカルの舞台「ミュージカルテニスの王子様」（通称：テニミュ）が男性しか登場しない舞台化、舞台上でテニスをする演技という異例ずくめで誕生したのは二〇〇三年のことである。いきなり歌い踊り出す舞台は少年マンガそれもスポーツマンガ原作とは思えないものであるが女性に大人気のミュージカルである。

ミュージカルのキャスト（ミュキャスと呼ばれる）は、何代目というように、ある一定の時期になると、メンバーが総入れ替えする。このブレイクする前の俳優をキャスティングした舞台は、マンガの原作をバーチャルな世界を実際の舞台にした時に、そのクリエイティブの能力が高かったことがヒットの原因であることは言うまでもないが、ヒットの要因としてその「テニミュ」をささえるファンたちもプレイヤーとして、大きくシステムに組み入れていることがヒットの要因として指摘できるだろう。

つまり、ブレイクする前の俳優たちの中から、自分の応援したいお気に入りを見つける。そしてそのキャストの成長を見守るのである。ファンたちは、作品としてミュージカルを消費し、それだけでなくサポーターとしてそのキャストを見守る。つまり、ミュージカル鑑賞と、その俳優たちのサポーターとして俳優たちの行く末を見守るのであろう。ファンたちがサポーターとしての関与を高めやすいように、「ドリームライブ」と呼ばれるコンサートを行ったり、舞台の後「アフタートーク」を行い、観客を出口で丁寧に見送って俳優としてファンとのインタラクションをはかる。

ファンをその世界に引き込み、サポーター化させている。そのマンガのファンであるとか、出演している俳優のファンだというのではなく、「テニミュ」という世界のファンであるということだ。テニミュは『テニスの王子様』というバーチャル世界をただ現実の舞台にしただけではなく、より身近にサポートしたいと思うリアルな存在として位置付けることに成功している。それはAKBのように会いにいけるということもそうであるし、また、それほどメジャーなキャストではなく「私だけが知ってる」という先物買い感がより応援意識を強める。以前より、いわゆる地方巡業の大衆演劇の劇団が回ってくるのを待って、おひねりを渡したり追っかけなどのいわゆる「タニマチ」的な存在はあったが、このテニミュの現象は、まだ、世の中では知られていない駆け出しの俳優たちの中からお気に入りを応援していく「先物買い」的であり、だからこそ応援していかなくてはならないというサポーター心を生じさせるシステムである。

単にマンガの舞台化というだけではなく、参加しているような気分を持たせることができるのである。つまり、そこである俳優をみつけ、その人を応援しながら、その人が成長していく姿を見守るのである、いわゆる「育成ゲーム」（育てゲー）を実際の場で行っているような仕組みがいくつもある。私しか知らない、私たちしか知らないからサポートしていかなくてはならないというようにファンを巻き込んでいる。そこで人気を博したら次はメジャーになってテレビ、映画と「バーチャル」な存在になってしまう間の「私がサポートしなくちゃ」感である。

ITで物語と現実に組み込む

また、ITを使ったバーチャルのリアル化は大きなうねりである。ブームとなった恋愛シュミレーションゲーム『ラブプラス』は、ゲームの中の相手を一人決めて、その相手とのコミュニケーションをしていくものである。『ラブプラス』にはゲームクリアがなく、終わりが設定されていない。よって何百日も続けてそのゲームの中の彼女と「交際」できるという。一緒に花火に行ったり、プレゼントを買ってあげたりして、恋愛気分を味わえる。

パート二の『ラブプラス＋』は二人で熱海旅行ができ、実際に旅館に宿泊するという展開もついて話題になった。ARカードで立体的に出来たり、実際の写真と彼女の合成ができたりと、「リアル彼女」に近付いてきたわけである。

その他にも携帯電話の中の彼女が「朗読」してくれたり、添い寝してくれたり、また、一緒にジョギングもつきあってくれる。セカイカメラをつかって現実世界にキャラクターを登場させたりとこのようにコンテンツの登場人物は次々と私たちの生活の中に入り込んできている。

その場合、それらのコンテンツと私たちはもはや購入消費という関係ではなく、「つきあい」という関係に近付いている。購入ではなくて、つきあいであるのだ。それらとの設定はモノの消費とは違い、一時点、もしくはある洋服のように付随しているものではなく、恋人、友人といったように、一緒にいて心を通わせるものである。

物語のコンテンツは「経験財」であるが、その経験がとても長い期間であること、そして旅行やサービスや映画をみたりするような一時的なかかわりではなく、経験が日常化していること、つまりシステムが消費対象となっているのである。

●リアルのバーチャル化

同時にリアルのバーチャル化も起きてきている。例えば、大人気の「アメーバピグ」では私そっくりのアバターがネット上で動きまわり、コミュニケーションをしている。任天堂wｉｉでも自分そっくりのＭｉｉがゲームをしている。ツイッターではリアルな行動をつぶやき、ネット空間でふれあう。Foursquareでは、実際の場所に行きチェックインすれば、携帯電話のアプリ経由で他の人たちとつながり、コミュニケーションしたりお得な情報やクーポンが得られたりする。

アットニフティ上にかつてあったゲーム『リズムフォレスト』ではゲームで遊ぶと、その課金の一部を使ってタイやフィリピンなどの砂漠に実際に木が植えられ、植えられた木もネット上でみることができた。また「農園」をつくるゲームでは、ゲーム内でつくった野菜が実際に届くというように、架空の存在であったはずの物語が実際の生活に浸透してきた。

このように今までのように物語がつくりだす世界は、自分からかけ離れていたものであった時代はすでに終わり、自分の世界の中に物語は溶け込みはじめている。つまり一瞬のサービスの経験ではなく、そのコンテンツとの経験の期間が長くなるのである。物語が社会の中に溶け込んできているのである。

マーケティングでの位置づけは「消費者」である私たちは、「消費する」主体であり、消費されるものがマーケティングの対象であった。しかし、物語コンテンツは生活の中に入ってきて、私たちもその中に組み込まれている。つまり、消費対象の中に消費者が内包しているわけである。

となると、消費者を「使用者」という見方というだけではなく、さまざまな関係の中で、市場の中でどう関係していくのかという位置づけを考えなくてはならないわけである。それはパトロンであったり、友だちであったり、激励者であったり、ライバルであったりである。消費者としてだけではなく、様々な関係の中での位置付けをデザインしなくてはならない。

そして、さらにはその時間軸を設定する必要がある。つまり、消費体験と違って、一緒にいる関係や支援する関係となった場合、それは一瞬の関係ではなく長く続く関係を考えなくてはならないのだ。その場合、関係性の変化も視野に入れなくてはならない。コミュニケーションや関係の進展によって関係性が異なってくるように、時間経過を組み入れた関係性のモデルをデザインしなくてはならないのだ。

物語化社会

今、街の中を見渡してみると、現実の中に本来ならば現実とまじりあわないはずの物語の世界がどんどんと現実の中に溶け込んできている。それはキャラクターのTシャツを着る、グッズを持つというすでに日常になっているよくみられる風景以上のものとなってきている。たとえば、アニメ「ガンダム」のカフェでガンダムにちなんだ料理を食べる、カラオケのようにアニメの吹き替えが体験できたり、というレベルからITを活用して、現実世界に物語を再生する仕掛けも登場してきて、社会全体が大きな仕掛けとなってきている。IT技術の進歩で、あの山の向こうに映画の中に出てくる怪獣がいる設定だって簡単にできる。ツイッターで物語の主人公がいつもつぶやいているし、その人からメールだってくる。

毎朝、『走れメロス』のメロスを携帯電話の中に入れて、一緒に走ること、走りを管理してもらうことだって簡単なことだ。

空想の世界だった、あり得ない世界だった物語がいまはいろいろなところで、私たちの生活に入り込んできている。

ヘンリー・ジェンキンスは「トランスメディア」というこれまで映画や漫画やゲームといった文化創造物は個々に完結したものとして捉えられてきたが、他のメディアと協合することによって全体が成立する、メディア横断型語り（transmedia storytelling）の手法をとった作品が登場してきた。そうした新しい型のメディアを指してトランスメディアと言うのである。

ジェンキンスはトランスメディアの例として「マトリックス」をあげ、映画だけでなく、ゲーム、ウェブ、コミックなどメディアを横断してより深く楽しめる「トランスメディア」を例示している。しかし、それ以上にAR技術、IT技術によって、「現実」もひとつのメディアとなってきている。

つまり、今後、物語型コンテンツの展開を考える際に、小説、映画、テレビ、雑誌といった展開と同時に現実の空間もメディアとしてどのように活用していくのかも考えていかなくてはならないのである。現実の空間もITによって新たな次元が加わった四次元としてデザインしていなくてはならないだろう。ジェンキンスのいう「トランスメディア」での展開は、各メディアを消費者自身がその物語を追いかけていくという消費者の積極性を促し、また一度の消費ですませず何度も消費を仕掛けていくことができる。そのメディアを横断しながら、消費者がどのような経験をしていくのか、という経験のデザインが今後、重要となっていくであろう。それは、物語が現実世界にしみこんできた現在、より重要な課題となっている。

二・五次元と四次元の誕生

ある程度、モノが溢れているし、もはや高級志向というわけでもない現在、今欲しいのは「モノ」ではなくて「コト」、感動や幸せな感情や楽しい出来事などの「経験」である。モノからサービス、そして「経験」へと人々の価値が移行している。幸せや楽しさというプラスの感情を生み出す時間を「経験」としてとらえると、「経験」を提供してくれる場は、遊園地やレストランだけではなく、ショッピングセンターや街の中へと広がっている。その経験は、ITによって色づけられてきていることは先にも述べた。そして私たちの現実の中にも物語が浸透してきている。

「経験価値」という言葉がマーケティングの世界で注目を浴びている。もともとは商品を使ったときの満足や効用などの「経験価値」で使われているが、その経験に価値があれば消費者は再度、そのものを購入しようと思うだろう。値段やブランドという要素ではなく、そのものを使った時にわきあがってきた感情や感覚などの経験を人々は消費の対象とするのである。その「経験価値」の概念はモノやサービスだけではなく、街やモールなどの空間にも適用できる。楽しい思い、爽快な体験をした場所にはまた行こうと思うであろうし、友達を誘ってみようとも思うであろう。どのような経験をあたえることができるかが、提供できる価値となるのである。パイン＆ギルモアは「経験」を売り物としての特性として「思い出に残ること」の経済的機能として「演出」、そして需要の源としては「感動」という価値を挙げている。やはり、経験の価値には感動を生み出す演出が必要であるのである。

さて、その「思い出に残ること」や「演出」「感動」には、物語による仕掛けは効果的である。先にも紹介したように、「テニスの王子様ミュージカル」を筆頭にして、『イナズマイレブン』『ナルト』といったマンガや『薄桜鬼』などのゲームなども次々に実際の舞台化され、マンガの登場人物によく似た現実の人間のように握手してくれて、見送ってくれる存在となっている。ツイッターでもつぶやいてくれたり、実際の三次元の存在のようでも、やはり現実ではない二・五次元の存在となっている。

また、ＩＴによって実際の空間にＩＴ化され、実際の生活空間の中にＩＴにつながった別の空間ができてきた。デジタルサイネージや携帯電話などの情報端末などで街の中でインターネットと簡単につながるようになってきて、街は新たな空間、電子空間にも広がってきている。四次元の登場である。空間としての街を構成する三次元に、インターネットという新たな次元が加わり四次元となったのである。

現実のメディアに浸透してきた物語の展開を考える場合、基本となるのが、コンテンツの中のプレイヤーとしての消費者の参画である。これはコンテンツだけでなく、コモディティのマーケティングにおいても有効な手段となっているが、そのコモディティを使った物語が実際の生活の中で組み入れられることによって、特別なものとなっていくことも多いに考えられる。

自分の中での「経験価値」をつくる仕掛けが「物語」なのである。

それはリアルな場でのコンテンツの接点を多くもてるようになってきたということであり、コンテンツをマーケティングに活用する際には、それによってつくられる空間、時間のデザインをどのようなものにするのかを抜きでは考えられない。

それは生活空間をどう考えていくのか、という問題だからである。

それは伝統的なマスメディアの広告に代表されるような一方向的な広告ではなく、個人の空間や生活の中に入ってきて、働きかけるものであるので、その働きかけを受けた消費者の能動的な評価や行動、つまりエンゲージメントをどう作るかを考えてデザインするべきであろう。物語はみるものではなく、現実の中で隣り合わせになるもの、自分が関与するものとなる。単に消費者は観客としては捉えずに、その消費者をも組み入れたコンテンツ展開、そしてマーケティングが必要となってくるのだ。

消費者がプレイヤーとしてのマーケティングは、今後、コンテンツだけでなく、消費財のマーケティングでも使われてくるだろう。プレイヤーとして物語に参画した時、どのような経験を提供できるか、その経験のそのコンテンツの価値やブランドとして残っていくのであろう。

プレイヤーとしてその世界に消費者を組み込むには、消費者が積極的に参加してくれるフィールドを作らなくてはならない。それだけではない。いくら場を作ったとしても継続的に参加してもらえなければ意味がない。それも能動的な参加である。消費者が能動的にかかわったものには、長い間の愛着をもたらす。

消費者の能動的な参加を促す要因はなんであろうか。それはいくつもあるであろうが、大きなものは参加して楽しかった、という経験である。楽しい経験は次の積極的な参加をもたらす。いかにその場の楽しさを生み出せるか、物語の世界の楽しさを現実に組み入れられるかがキーである。

第6章　ブランドの世界観のつくり方

本書の読者における関心の中心は、「どのようにしてコンテンツを活用するのか」よりも、「どのようにしてブランドの世界観を構築するのか」にあるものと思われる。

コンテンツはあくまでブランディングのための一手段であり、それを制作すること自体が、マーケッターにとって本来の業務目的ではない。そこで本章では蛇足ながら、コンテンツという表現形式を問う以前の作業として、ブランドの世界観をどう構築していくべきか、そのための思考法やメソッドを検討してみたい。

本章で申し述べるのは、いわゆるポストモダン・マーケティングの方法論が中心となる。ただし、こうしたコンセプトワーク以前に、基本的な消費者調査や、ブランド価値の定義などは、ある程度行われていることを前提とする。つまり、普通にやれることはやった上で、さらにブランドを掘り下げてみる、あるいは今までと違った角度から捉えてみるためのアプローチという位置づけである。

また以下のメソッドについては、こうすれば誰でも上手くいく、といったマニュアル提示ではない。再現性も保証しない代わりに、ドグマとして君臨すべきものでもない。あくまで、自らの担当するブランドの状況に合わせて、創意工夫や組み合わせなどを試み、ブランディング作業を実りある、豊かなものにしていくためのヒントであると捉えてもらいたい。ついでに言うと、これらは担当者一人でも実践可能だが、同僚や協力会社のスタッフ、さらには顧客まで巻き込みながら展開すれば、楽しく推進できるプログラムともなってくると思う。

勝手にプロダクト・プレースメント

本書の中でも、プロダクト・プレースメントという手法については、再三とりあげてきた。映像コンテンツの中に商品を設置することは、ブランドの持つ「文脈」を豊かなものにする上で有効である。しかし蓋を開けてみると、必然性の乏しい登場の仕方になったり、視聴者の印象に残らないような使われ方をされたりするケースも多いようだ。マスメディアで露出できればそれで担当者の株が上がる、という時代でもない。ストーリーやキャラクターとの整合性をいかに図るかが、ブランディングに繋がるタイアップへのポイントである。

そこでまずはマーケッター側が、テレビドラマや映画の中で、自社ブランドを登場させるとしたらどうあるべきか、その理想的な姿を想定してみる方法をお薦めしたい。どんな登場人物に、どのような場面で、どんな使い方をしてもらうのがこのブランドにとって最適なのかを考えてみる、ということである。

むろんここで考えたことが、実際のプロダクト・プレースメント・タイアップとして実現すれば、マーケッター冥利に尽きるであろう。ただしここでは、実現の可能性を議論するのではなく、あくまでブランドを深く掘り下げて捉えるための思考実験として臨むことを優先させたい。

自宅でテレビドラマを見ながら、どのシーンにどうやって組み込んでみるのが一番よいかを真剣に考えるのもよいだろうし、誰もが知っているようなドラマや映画の設定を借りて、担当者数名で議論してみるのもいいだろう。また、定性的な消費者調査の中に、こうした質問項目を組み込んでみるという手もある。

筆者がコーディネーターを務めるワークショップにおいて、複数企業のマーケッターたちに、『踊る大捜査線』のスピンオフ・ストーリー（本編の設定を借りた派生ストーリー）の中に自社製品を登場させるとしたらどうなるか、を考えてもらったことがある。そこでは、次のようなストーリーが生まれてきた。

▼「管理官の沖田仁美が、衣料用お手入れ剤でスーツの皺を直すことをきっかけに、自らの心の迷いを断ち切り、果敢な決断を果たす話」（トイレタリーメーカー）

▼「恩田すみれが、窃盗犯をタクシーで追いかける際に現金がないが、銀行のマイレージクラブカードで、ピンチを咄嗟に切り抜ける話」（都市銀行）

▼「キャリア官僚である室井慎次が自ら、高機能スタッドレスタイヤを使って、雪の道路で犯人とカーチェイスする話」（タイヤメーカー）

▼「観光課の山下圭子が、電子マネー付きＩＣカードを利用して、スマートな都市生活者に変身する話」（鉄道サービス）

『踊る大捜査線』をよくご存知の読者は、「なるほど、なんとなくシーンが目に浮かぶようだな」と感じられたかも知れない。詳細についてここで記すことはできないが、タイトルから、ストーリーや商品の登場するシーンなどをイメージしてみてほしい。もっとも、これらを本当に映画化したら面白いかどうか、あるいは本当にプロダクト・プレースメントを試みたら効果があるかどうかはまた、別問題である。

この数例だけでも、それぞれのマーケッターが担当ブランドをどのように捉えているかがよく見えてきた。さらに、数ある登場人物からなぜその主人公を選んだのかも、だ。またこうした創作プロセスの中で、ブランド価値の深層を改めて考慮し、これまでと違った発見ができた、という参加者も現われ、たいへん実りのあるワークショップになったことを記憶している。

このように、コンテンツからの刺激や着想が、ブランディングの幅を広げていくことがある。もっとも、ブランド価値やターゲット像は常に固定的なものではない。自社ブランドがどのように使用されるのが理想的か、に止まることなく、こういう人物だったらどのような価値を見出し、どのように使うだろうか、とブランドの世界を広げていくトレーニングにも発展できると思う。

さらには、「この物語の中で主人公が使用するようなアイテムを、自社で開発したらどのようなものになるだろうか」という地点にまで到達できるはずである。実際に、SF小説やファンタジーなどからインスピレーションを得て、開発された商品も多い。映画もドラマもマンガも応用次第では、豊かなマーケティングを展開するうえでの温床となりうるのである。

ブランドのペルソナを決める

このブランドはどんな人に使ってもらいたいのか、その典型的なユーザー像を、詳細にわたって設定する、という手法がある。プロファイリング、ペルソナ戦略[1]などとも呼ばれている。

「スープストックＴＯＫＹＯ」の新事業開発においては、「秋野つゆ」という名の三七歳の女性がペルソナとして設定された。「性格＝おっとりしているがシッカリ。タイプ＝人のことはあまり気にせず、個性的。評判＝化粧っ気はないのにキレイ。無頓着なのにセンスがよい。食事＝シェフの味というよりも、生活の中にある、家の食卓で出せるようなものを食べたい」といったユーザー特性が想定され、それに基づいた商品や店舗設計が進められた[2]。

また、富士通が子ども向けサイト「富士通キッズ：夢をかたちに」の設計において、架空の小学五年生「佐藤美咲ちゃん」を想定したケースもある。美咲ちゃんは「大手メーカー勤務の父と専業主婦の母、二つ年下の妹の四人家族」であり、性格や生活シーン、インターネットやパソコンの利用状況（居間にあるノートＰＣを家族と共有）、一週間の時間割（一六時前後に帰宅して学習塾とピアノの練習）、さらには美咲ちゃんの保護者や担任の先生など、きめ細かい設定が行われた。

ペルソナ設定においては、性・年齢・職業・出身地……といったデモグラフィック（人口統計的）特性だけでなく、ライフスタイルやパーソナリティといった心理的特性まで踏み込んで想像するのはいうまでもない。顔形、身長、体重といったフィジカルな要素や、その人らしさを示す具体的なディテール――例えば、「着メロの音楽」「最近読んだ本」「好きなアーティスト」「学生時代のあだ名」「SNSのハンドルネーム」などを考えてみるのもよい（図表6-1）。仮にこうした詳細化作業が難しいのであれば、もう一度顧客データをひっくり返してみたり、ヘビーユーザーを対象としたデプスインタビュー、グループインタビューなどを試みたりすべきである。なぜなら、具体的な顧客像のイメージが結晶化しない最大の要因は、マーケッターの顧客理解の浅さにあるからだ。

◉図表6-1　ペルソナの設定方法◉

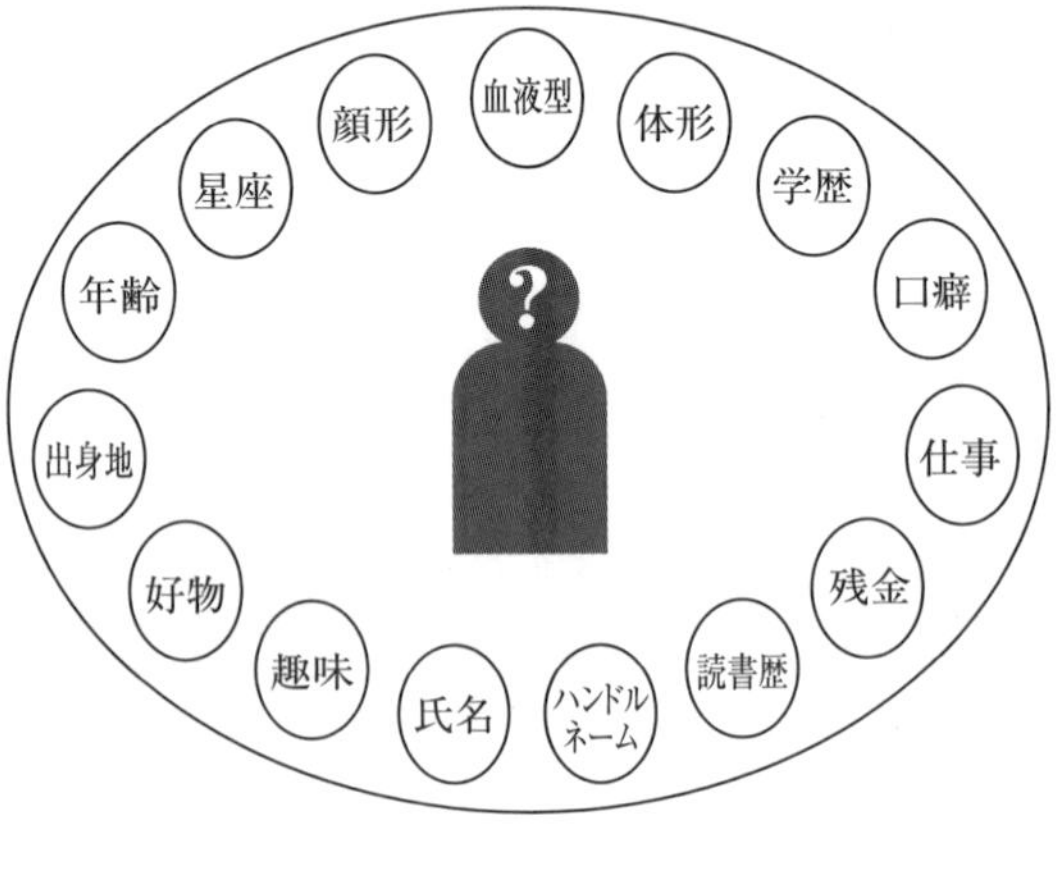

ペルソナ設定は、顧客のイメージを具体化し、マーケティング活動に関与する様々な人たちの間に共通の世界観を生み出す。これまでなんとなく「主婦」とか「若者」とか捉えていた顧客像が具体化することで、ブランディング関与者たちのアクションが鮮明になってくるのである。

富士通のケースでは、美咲ちゃんのペルソナに基づき、プロジェクトメンバー間でリアリティのある議論ができただけでなく、メンバー間に生じがちなイメージの「ブレ」がなくなってきたといわれる。こうした作業は一見非効率なようだが、デザインワークを始めてからメンバー間のゴールイメージの違いが発覚し、それを埋めるために膨大な議論を繰り返す（ありがちな話である）よりも、遥かに効率的なステップといえるだろう。

また、往々にして八方美人のブランドは、結局誰のものにもなりはしない。むしろ「こういう人に使ってもらいたい」とはっきり示した方が、特定顧客層との関係を深めるとともに、その特定層との共通項を見出す層への広がりも期待できる。第四章の「④物語としてのブランドコンテンツ　社会＝消費＝自己への肯定効果」の項でも述べたように、消費者は物語や広告の登場人物に「自分と同じ要素」を見いだすからだ。二〇代ＯＬを主人公とする連続ドラマに五〇代の主婦が共感することもあるわけだし、オジサン教師が主役の小説を読んで、女子高校生が涙する場合もある。

ターゲットセグメンテーションが、販売対象をひとつのタイプの人に限定する、ということではなく、顧客層を広げるための〈中心となる像〉を明確化する、ということであれば、このペルソナは極めて合理的な手法ともいえる。

ただし、このペルソナにはいくつかの陥穽もある。

第一は、「顧客の現状」についての詳細な記述にフォーカスするあまり、「顧客の変化」「これからの生き方」といった動的な分析にまで到達できない、という面である。消費のモチベーションとは、顧客の直近の環境変化にある場合も多い。よって「最近の近況変化」「今、何に力を入れているか」という側面も考慮された設定が求められてくる。

第二に、たいていの企業は「当社の商品を買ってくれる人は良い人だ」という前提でものを考えるため、非の打ち所のない、理想的な人物像を設定してしまうことが多いという面だ。つまり、自社顧客を理想化しがちなのである。むしろ、悩みや弱み、コンプレックス、アイデンティティの危機となるテーマを解決するのがブランドの役割であるとすれば、顧客の心の中の〈欠落要素〉にまで踏み込んだ洞察が必要だ。

以前、「スライス・オブ・ライフ」なる言葉がもてはやされたこともあったが、ペルソナで「現状の私」を綺麗に切り取っただけでは、実に平板な、動きのない肖像画が描かれるだけだ。逆に、「現状の私」が「理想の私」に変化する動的過程を考慮するべきであり、ブランドがその変化プロセスの中に位置づけられるがために、重要な意味を持ってくる。顧客の何かが欠落していて、何かを求めて変化しようとするからこそ、それを助ける商品が必要になってくるのである。そこを掘り下げるためにはやはり、「主人公」設定だけではなく、「物語」そのものの策定が要請されてくると思われる。

ブランドが登場する物語をつくる

次に、ブランドが登場する物語を実際に創作してみる、という方法をご紹介したい。とはいえ、主人公は商品ではなく、前項で示した「典型的な顧客像」。その人物が、自社商品を使って成功したり、幸せになったりする話である。ブランドコンセプトを、単なる形容詞で表現するのではなく、ひとつのまとまった「お話」として表現する。それによって、ブランドの世界観が俄然、具体性を帯びてくる。筆者はこれを「ナラティブ・プランニング」と呼んでいる。あなたは、どんなストーリーを設定するだろうか?

昨今、あちらこちらで「物語で伝えよう」「ストーリーでものを考えよう」という提案を聞くことが多い。しかし、言っている人によって「物語」の定義が異なり、かえって無用な混乱が生み出されているだけのような気もする。単なるエピソードやクチコミネタを多数準備することが「物語マーケティング」ではない。顧客の心の中に生起する「幸福な妄想」とはどうあるべきか、それをマーケッターが想像するということなのである。

そこでここでは、物語づくりのフレームを簡単に示す。[3] 物語の流れを「越境」→「危機」→「成長」→「勝利」という単純なフレームで捉え、ブランドストーリーを創作する手法だ。少し抽象的だが、四つのプロセスについて解説する。

①「越境」とは、主人公にとっての大きな環境変化をあらわす。これまでの日常生活にアンバランスが生じ、主人公は何か欠落したものを回復しようと努めるようになる。このシーンを考えることによって、消費者ニーズの本質が見極められることになる。

②「危機」の段落において、主人公は挫折したり、どん底を味わったりすることになり、パートナーの手で危機を逃れることができる。ここで、主人公にとって「味方」と「敵」が何なのかが見えてくる。そしてここに登場するパートナーは、企業やブランドのメタファー(隠喩)ともなる。

③「成長」とは、主人公が困難を克服して、精神的に成長するプロセスである。現実的な自己から、理想的な自己に変化していくわけである。この成長を支えるのが、当該ブランドの役割であることは言うまでもない。

最後の④「勝利」に至って、主人公は目的を達成し、報酬を得ることになる。幸福の獲得、人生におけるささやかな成功……と、勝利の意味は多様である。

もちろん、主人公はたいてい一般的な消費者であるため、この物語は「日常のちょっとした出来事」になることが多く、危機や勝利といっても、決して大袈裟なものではない。例えば「ブドウ糖チョコレート」の物語であれば、「大事な試験に臨む主人公」（越境）→「直前なのに、いまひとつ集中力が生まれてこない」（危機）→「ぶどう糖チョコレートを食べて精神集中」（成長）→「みごと試験に合格」（勝利）……といったレベルの、消費者の日常生活に密着した物語が想定されるケースが多い。

何もないところからの創作は難しいが、この構造に沿って考えてみると、意外と「物語」の体をなすものができあがることが多い。ただし、この段階での物語づくりは、あくまでブランディング作業の一部であるため、だいたいの「あらすじ」でよく、複雑な物語、含みや味わいのある物語である必要はない。物語とは、ブランドの世界観を構築するための、コンセプト表現のフォーマットと位置づければよいのだ。

しかし、単に物語をつくればそれでおしまい、というわけではない。創作された物語を通じて、改めてブランドの深層的価値を発見していくこと、あるいはこの物語をベースとした他者との議論を通じて、ブランディングに磨きをかけていくことが大切である。複数の担当者がそれぞれの物語を創作し、互いにそれをぶつけあうといったプロセスを盛り込むのもよい。

ここでは「宅配食品サービス」のブランディング作業において、担当マーケッターに創作してもらった物語をみていきたい。

・「タイトル」＝「酪農ファームのおともだち」
・「主人公」＝三四歳専業主婦（夫と乳幼児の子供と三人暮らし）

①「越境」＝子供が生意気盛りになり、自己主張を始め、食べ物も偏食がちになる。
②「危機」＝子供にアレルギーが出始めるが、生活経験の乏しい主人公は薬などを飲ませ、かえって事態を悪化させてしまう。
③「成長」＝夫と相談の上、契約している宅配サービスの主催する「野菜の産地見学」に申し込む。
④「勝利」＝生産者や参加者からのアドバイス、自然とのふれあいが子供の気持ちを豊かにし、子供のアレルギーが治っていく。

正直言ってどうということはないストーリーだが、この具体性を帯びた文脈の中で、「宅配食品サービス」がどのような位置づけにあるのか、に関する考察と議論を行うことが可能になった。本サービスのベネフィットは通常、「自宅まで配達してくれる利便性」「安心・安全」「商品の多様性や選べる喜び」などを標榜することが多く、この物語を創作したマーケッターも、最初のうちはそう捉えていた。しかし、このような物語を創ってみて初めて、「多様な人間関係づくりによって、心の健康を築くことのできるサービス」という価値を発見するに至った。自作の物語を他のスタッフたちにも聞いてもらい、自社サービスの本質とは何なのかについても、議論を重ねた。その結果「生産者や流通、消費者という多様な人たちが同じ目線で食を語れる」「人と人とが支えあっていることが目に見えてわかる」といったブランド価値を再認識したのである。

ブランドコンセプトは、自社のホームページやコンセプトブックなどに一応記載されているはずである。マーケッターであれば、それを知っているどころか、暗記しているのが常識だろう。しかし、そこに記載された言葉は、「誰か他人によって規定された言葉」に過ぎない。場合によっては、外部のコピーライターが一夜漬けで創作した言葉だったりする。一度そうした既成概念を離れて、マーケッターが自分の言葉でブランドを位置づけ直すことができるのが、「物語」のフレームである。言い換えるとこれは、マーケターが主人公の心になりきって、商品・ブランド（そしてカテゴリー）に対する深層の意味を発見するプロセスにもなりうるのである。

❖ ブランドのテーマパークがあったら？　と考えてみる

以上、ブランドの人格化、ブランドの物語化という方法論について紹介してきた。

今日のエンゲージメントという考え方に基づけば、ブランドは、消費者が参加する遊び場であらねばならない。いまやブランド・エンゲージメントの代名詞ともいえる「ハーレー・ダビッドソン」においては、「乗る」だけでなく、「出会う」「創る」「装う」「知る」「選ぶ」「愛でる」「競う」「海外交流」など、多種多様な遊び方や遊び場が用意されている。消費者行動を「買う」「使う」といったレベルでしか捉えられない企業とは、大きな違いがある。

ナイキ、アップル、バージン、スターバックス、コカ・コーラといった企業が、自社ブランドの遊び場、つまりテーマパークを開設するとすれば十分成立するだろうし、実際にそうした企業の社屋やショウルームは、もはやテーマパークに近い存在といえるかも知れない。では仮に、「ブランドのテーマパークがあったら?」と考えてみたら、どうなるだろうか。

テーマやアトラクション内容だけでなく、どんな場所に、どのような業態で開設するのか、スタッフのコスチュームはどんなデザインか、ステージではどんなショーが開演されるのか、さらにはレストランのメニューや、お土産に至るまで想定してみるということである。ブランドの世界観でいかに遊んでもらうかを追究するうえでは、恰好のコンセプトワークとなるであろう。上手くつくりあげることができれば、ブランドサイトのリニューアル、キャンペーンや広告表現コンセプト、さらにはブランドコンテンツのテーマづくりにまで応用できるはずだ。

その際、ひとつのヒントとして提示したいのは「ブランド価値の動詞化」である。従来、名詞や形容詞で考えていたブランド価値を動詞で捉え直す。動詞で考えることにより、着想が構造化し、ストーリー性を帯びてくるのだ。例えばホンダはいまや、「自動車(名詞)」ではなく「移動する(動詞)」ことを提案する会社である。また、レゴ社においても、「ブロック玩具(名詞)」ではなく「学びながら遊ぶ（動詞）」楽しさを提供する点に価値を置いている。「自動車」のテーマパークでは面白くないが、「移動」のテーマパークだったら、車好きでなくとも一度は行ってみたいと思うだろう。玩具が並べてあるだけでは博物館やおもちゃ売り場と同じだが、「学びながら遊ぶ」テーマパークだったら、必ずやワクワクさせてくれるはずである。「モノからコトへ」という言葉をあまり難しく考えず、このように動詞発想でブランド価値を捉えたらどうかと思う。

ただしそうはいっても、商品ジャンルによっては、テーマパーク構想などとても難しい、というケースもあるだろう。その際は「本ブランドが大学を創立したら、どんな学部でどんなカリキュラムになるか」でもいいし、「仮に、ブランドをテーマとしたFMラジオ局が立ち上がったら、どんな番組になり、どんな音楽が流れるか」でも構わない。要は、顧客に遊んでもらえるテーマ（コンセプト）と、それに基づく具体的な展開をイメージできればよいのである。

顧客がブランドに関与するポイントを「商品の購入と使用」に限定して考えるべきではない。ブランドの世界との、多面的で能動的で情緒的な関わりを前提とすべきである。ブランドの提示する価値を、いったん機能性や利便性から解放し、顧客がどのような「遊び」を達成できるかから逆算してみるのである。

本章で述べてきたことはあくまで思考実験であり、単なる迂回、ないし時間の無駄と感じるマーケッターもいるかもしれない。こうしたことは、クリエーターや広告会社のスタッフにでも依頼すればよいことであって、しょせんわれわれは門外漢である、と。

　実は、先ほど例示した「宅配食品サービス」においても、イメージターゲット、ブランド・アイデンティティ、ブランド表示要素……が、きれいに整理された「ブランド体系」（の書かれた紙）が存在していた。ただしそれは、ある大手広告会社から提案されたものであり、確かに間違いではないのだろうけれど、担当者としてはどうもピンとこない、これだけでは社員に浸透しない、つまり「機能」しない、というジレンマを抱えていた。ブランディング担当者たちは事前調査や打ち合わせには参加したが、コンセプトづくりには関与しておらず、単に広告会社のプレゼンテーションを受けて、意思決定しただけだったからである。

　二〇世紀の企業活動は、分析的作業と創造的作業を機能分化させることで、ある種の効率性を担保してきた。ブランディング作業においても、企業内マーケッターは職業クリエーターに「指示」して「管理」するか、あるいは別次元の仕事として創造的作業を「丸投げ」すればよい、という考え方が支配的だったと思われる。マーケッターは形式知や客観的事実を扱うことで、ある意味そこに安住してきたのである。

　しかし今日、「デザイン」とは、アーティストや職業クリエーターのみが担う作業ではない。あるいは、意匠や最終的な形の仕上げのプロセスだけを「デザイン」と呼ぶ時代はもう終わっている。新事業開発、ビジネスモデル開発、商品開発、そしてマーケティングプランニングは総合的な知の「デザイン」であり、分析と創造とをプロセスとして区分できない、あるいは区分するとロクなことにならないというのが、筆者の実務経験から得た実感でもある。ここであえてピーター・ドラッカーの提唱した「知識労働者」や、都市学者リチャード・フロリダの言う「クリエイティブクラス」などを持ち出すまでもなく、分析と創造のどちらも担うことのできる総合性のある人材が求められている時代が到来しているのは明らかである。

よって今日、「分析的知と創造的知が同じ場で相互作用する」、あるいは「分析的知と創造的知を一気通貫で取り扱える」思考フレームがどうしても必要になってきている。ただしそれは、マーケッター自身も楽しみ、顧客もまた参加できて楽しめるフレームでなければならない。組織的長期的に取り組み、本気で追究するのもよいが、ビジネスの現場は「お勉強」ではない。そもそも、そんな悠長なことも言ってはいられない、という本音もよくわかる。よって、ある程度短期間でアウトプットが得られ、その一時的成果を試しながら、自分たちなりのメソッドを構築していけばよいのである。本章で述べた「世界観づくり」は、そうした役割を果たすフレームだと思っている。

ブランドが、顧客と感動を分かち合うようなコンテンツとして駆動するだけの基盤アイデアを生み出していくことが、これからの時代のマーケッターの役割であるという認識に立ちたい。

【注】

（1）ジョン、S・プルーイット／タマラ・アドリン（秋本芳伸ほか訳）『ペルソナ戦略』ダイヤモンド社、二〇〇七年。
（2）遠山正道『スープで、いきます』新潮社、二〇〇六年。
（3）山川悟『事例でわかる物語マーケティング』日本能率協会マネジメントセンター、二〇〇七年。

あとがき

われわれは「企業の計算の枠内で成立している消費」に対し、底知れぬ嫌悪感を抱きながら生活している。考えてみると「有名人も愛用している」や「端末0円」、さらには「あなたに似た人は、こんなものも買っています」に至るまで、一見魅力的なようでいて、すべては計算された枠組みの中にすっぽりと収まるメッセージである。これらによって生じた購買や消費には、ある種の敗北感さえ伴うといってよい。

マーケティングはこれまで、「企業による消費者とのコミュニケーションをどう設計するか」を主要テーマとしてきた。しかし今日、「消費者による企業とのコミュニケーションをどのような性格のものにしていくか」をイメージしながら、企業として何をすべきか、あるいは何をすべきでないか、を決めていく必要に迫られている。

それに向けては、消費者による企業とのコミュニケーションを、これまでのような受動的・物質的・経済的なものから、能動的・精神的・文化的なものに転化していく仕掛けを採りいれることである。かつて村落における「労働」が、仕事歌を通じて「精神的肉体的な生命の自己活動（渡辺京二）」に転換したのと同じように、今日の「消費」においてもまた、コンテンツの存在がそのカギを握っていると、筆者は感じている。

むろんそのコンテンツにしたところで、計算の枠内にとどまったものにすぎなければ、結果的には消費者からそっぽを向かれることになる。だから、その基本スタンスは「共視（共に見る）、共歓（共に楽しむ）、共演（共に演じる）」となってくるであろう。本書で見てきたように、これは中世から脈々と受け継がれてきた商業コミュニケーションの原則でもある。しかしここには、顧客参加やエンゲージメント、経験価値といった、今日における最先端のマーケティングが、ちゃんと内包されているといえそうだ。東日本大震災後の「心の復興」を目指すためにも、自粛や静観ではなく、むしろ意識してトリックスターを演じる覚悟が、今の日本企業には必要であろう。

また、バブル期のような（今日でも廃れたとは言い難いが）、経済力をベースに文化を充実させるといった発想ではなく、文化をベースとした経済の形を構築するという意味においても、「コンテンツ」は重要なキーワードとなる。むろん、ここでいう「文化」とは、真面目で高尚なものだけを指しているのではない。大人の資本主義とはたぶん、シャレの通用する社会のことである。

本書の構想は数年前からあったが、今回陽の目をみたのは、ひとえに同文舘出版の市川良之編集局長のお陰である。また、写真素材をご提供いただいた企業の方々には、この場をお借りして御礼申し上げたい。

２０１１年６月

山川　悟

〈参考文献〉

・邦訳文献

アイスラー、R（浅野敏夫訳）『聖なる快楽』法政大学出版局、一九九八年。

アンダーソン、C（小林弘人監修、高橋則明訳）『フリー』日本放送出版協会、二〇〇九年。

イェンセン、ロルフ（宮本喜一訳）『物語を売れ』TBSブリタニカ、二〇〇一年。

エーコ、U（篠原資明訳）『開かれた作品』青土社、二〇〇二年。

エーコ、U（篠原資明訳）『物語における読者』青土社、一九九三年。

キャラクターマーケティングプロジェクト編『キャラクターマーケティング』日本能率協会マネジメントセンター、二〇〇二年。

キャンベル、J（平田武靖・伊藤治雄訳）『千の顔をもつ英雄』人文書院、二〇〇四年。

キャンベル、J／モイヤーズ、B（飛田茂雄訳）『神話の力』早川書房、一九九二年。

ゴーデン、S（沢崎冬日訳）『マーケティングは嘘を語れ！』ダイヤモンド社、二〇〇六年。

コスロフスキー、P（高坂史朗・鈴木伸太郎訳）『ポスト・モダンの文化』ミネルヴァ書房、一九九二年。

シュミット、B・H（嶋村和恵・広瀬盛一訳）『経験価値マーケティング』ダイヤモンド社、二〇〇〇年。

チクセントミハイ、M（大森弘訳）『フロー体験』世界思想社、一九九六年。

パインⅡ、B・J／ギルモア、J・H（岡本慶一・小高尚子訳）『〈新訳〉経験経済—脱コモディティ化のマーケティング戦略』ダイヤモンド社、二〇〇五年。

バルト、ロラン（花輪光訳）『物語の構造分析』みすず書房、一九七九年。

ブラウン、S（ルディー和子訳）『ポストモダン・マーケティング』ダイヤモンド社、二〇〇五年。

ブラウン、S（杉美春訳）『ハリー・ポッター　魔法のブランド術』ソフトバンククリエイティブ、二〇〇七年。

プリンス、G（遠藤健一訳）『物語論辞典』松柏社、一九九七年。

プルーイット、J・S／アドリン、T（秋本芳伸ほか訳）『ペルソナ戦略』ダイヤモンド社、二〇〇七年。

ブルーナー、J・S（田中一彦訳）『可能世界の心理』みすず書房、一九九八年。

プロップ、V・R（齋藤君子訳）『魔法昔話の研究　口承文芸学とは何か』講談社、二〇〇九年。

ボネット、J（吉田俊太郎訳）『クリエイティブ脚本術』フィルムアート社、二〇〇三年。

ホルト、D・B（斉藤裕一訳）『ブランドが神話になる日』ランダムハウス講談社、二〇〇五年。

マルホトラ、N・K（日本マーケティング・リサーチ協会監修・小林和夫訳）『マーケティング・リサーチの理論と実践　理論編』同友館、二〇〇六年。

モール、ミドリ『ハリウッド・ビジネス』文藝春秋、二〇〇一年。

モース、M（吉田禎吾・江川純一訳）『贈与論』筑摩書房、二〇〇九年。

レイモア、V・L（岡本慶一・青木貞茂訳）『隠された神話』日経広告研究所、一九八五年。

・**邦語文献**

青木貞茂「広告の力を再興するために」『日経広告研究所報』249号、二〇〇九年。

浅野智彦『自己への物語論的接近』勁草書房、二〇〇一年。

生明俊雄『ポピュラー音楽は誰が作るのか』勁草書房、二〇〇四年。

網野善彦『無縁・公界・楽』平凡社、一九八七年。

網野善彦、阿部謹也『中世の再発見／市・贈与・宴会』平凡社、一九九四年。

新井範子・福田敏彦・山川　悟『コンテンツマーケティング』同文舘出版、二〇〇四年。

安藤優一郎『大江戸お寺繁盛記』平凡社、二〇〇九年。

安藤竜二『地元の逸品を世界に売り出す仕掛け方』ダイヤモンド社、二〇〇九年。

池田謙一・村田光二『こころと社会』東京大学出版会、一九九一年。

井筒俊彦『無意識と本質』岩波書店、一九八三年。

伊藤信吾『風に吹かれて豆腐屋ジョニー』講談社、二〇〇六年。

伊藤正義『市庭の空間―中世商人の世界』日本エディタースクール出版部、一九九八年。

内田　樹『街場のメディア論』光文社、二〇一〇年。

内田伸子『想像力』講談社、一九九四年。

岡本慶一「方法としての広告・方法としての文化」『日経広告研究所報』249号、二〇〇九年。

沖浦和光『インドネシアの寅さん』岩波書店、一九九八年。

加藤幹郎『映画館と観客の文化史』中央公論社、二〇〇六年。

加藤秀俊『メディアの発生　聖と俗をむすぶもの』中央公論新社、二〇〇九年。

加藤　稔「BMW、SPフィールドにおけるブランド哲学の体現」『JMA戦略ケース研究会特別セミナー発表資料』二〇〇七年。

川口盛之助『オタクで女の子な国のモノづくり』講談社、二〇〇七年。

河合隼雄編・高石恭子ほか『講座 心理療法〈2〉心理療法と物語』岩波書店、二〇〇一年。

河島伸子『コンテンツ産業論』ミネルヴァ書房、二〇〇九年。

榊 博文『社会心理学がとってもよくわかる本』東京書店、二〇〇八年。

重延 浩「デジタル放送時代のカルチャーモデル」『テレビマンユニオンニュース』ナンバー572／テレビマンユニオンホームページ（http://www.tvu.co.jp/program/dm572_00.htm）。

鈴木謙介・電通消費者研究センター『わたしたち消費』幻冬舎、二〇〇七年。

須田和博『使ってもらえる広告』アスキー、二〇一〇年。

関橋英作『チーム・キットカットのきっと勝つマーケティング』ダイヤモンド社、二〇〇七年。

ＤＮＰ創発マーケティング研究会ほか『創発するマーケティング』日経ＢＰ企画、二〇〇八年。

電通『広告新時代』電通、二〇〇九年。

遠山正道『スープで、いきます』新潮社、二〇〇六年。

中川 敏『交換の民族誌』世界思想社、一九九二年。

仁科貞文・田中洋・丸岡吉人『広告心理』電通、二〇〇七年。

畠山兆子・松山雅子『物語の放送形態論』世界思想社、二〇〇〇年。

浜野保樹『表現のビジネス』東京大学出版会、二〇〇三年。

日置弘一郎『市場の逆襲』大修館書店、二〇〇二年。

平野啓一郎『ドーン』講談社、二〇〇九年。

平野日出木『「物語力」で人を動かせ！』三笠書房、二〇〇六年。

福田敏彦『物語マーケティング』竹内書店新社、一九九〇年。

増淵敏之『物語を旅するひとびと』彩流社、二〇一〇年。

峰如之介『なぜ、伊右衛門は売れたのか』すばる舎、二〇〇六年。

蓑輪光浩「ナイキジャパン　NIKE DIGITAL BRANDING」『JMR戦略ケース研究会特別セミナー発表資料』二〇〇七年。

宮脇真彦『芭蕉の方法』角川書店、二〇〇二年。

村上春樹『1Q84　BOOK1〜3』新潮社、二〇〇九年。

茂木健一郎『生命と偶有性』新潮社、二〇一〇年。

安田秀穂「産業連関表による映画館の外部評価」日本アートマネジメント学会『アートマネジメント研究』第1号、二〇〇〇年。

八巻俊雄『広告　ものと人間の文化史130』法政大学出版局、二〇〇六年。

山川　悟『事例でわかる物語マーケティング』日本能率協会コンサルティング、二〇〇七年。

山川　悟「ブランデッド・コンテンツの効果に関する考察〜マーケティングにおける「物語」「作品」「虚構」の役割とは？」『日経広告研究所報』252号、二〇一〇年。

山口昌男『文化と両義性』岩波書店、一九七五年。

山口昌男「交換と媒介の磁場」『交換と媒介／叢書文化の現在8』、岩波書店、一九八一年。

やまだようこ『人生と病いの語り』東京大学出版会、二〇〇八年。

山村高淑「アニメ聖地の成立とその展開に関する研究：アニメ作品「らき☆すた」による埼玉県鷲宮町の旅客誘致に関する一考察」『国際広報メディア・観光学ジャーナル』、二〇〇八年。
山本　明『シンボルとしての広告』電通、一九八五年。
李　為・田中道雄・白石善章『文化としての流通』同文舘出版、二〇〇七年。
渡辺京二『逝きし世の面影』平凡社、二〇〇五年。
渡辺　裕『聴衆の誕生』春秋社、一九八九年。

・欧語文献

Caves, Richard E., *Creative Industries: Contracts between Art and Commerce*, Harvard University Press, 2002.
Jenkins, H., *Convergence culture: Where old and new media collide*, New York: New York University Press, 2006.
Scott, D. M. & Halligan, B., *Marketing Lessons from Grateful Dead*, Wiley, 2010.
Rappaport, Stephen D., "Lessons from Online Practice: New Advertising Models", *Journal of Advertising Research*, Vol. 47, No. 2, 2007.

・その他

『朝日新聞』二〇〇九年五月一一日。
『日経エンタテインメント』二〇〇七年一二月。
『日経産業新聞』二〇〇九年四月三〇日。

『日経流通新聞』二〇〇八年一二月五日、二〇〇八年一二月八日、二〇〇九年四月一〇日、二〇〇九年六月二六日、二〇〇九年九月一八日、二〇一〇年三月二六日、二〇一一年二月七日。

『ブレーン』二〇一〇年四月号（宣伝会議）。

『サービスの花道』ＶＯＬ3、講談社、二〇〇六年七月。

〔わ　行〕

欧文索引

人名索引

〔ま　行〕

〔や　行〕

〔ら　行〕

〔た　行〕

〔な　行〕

〔は　行〕

〔さ　行〕

事項索引

［著者紹介］

山川　悟（東京富士大学経営学部教授）

1960年生まれ。法政大学法学部卒業。日本経済社マーケティング本部、NTTアド・プランニング担当部長を経て、2008年より現職。東京富士大学総合研究所所長。慶応義塾大学非常勤講師。

顧客の消費経験やコンテンツ接触体験、物語性などを重視するポストモダンマーケティング、及び創造性開発を中心に研究・教育活動に携わる。

著書として、『不況になると口紅が売れる』（毎日コミュニケーションズ）、『事例でわかる物語マーケティング』（日本能率協会コンサルティング）、『企画のつくり方入門』（かんき出版）、『創発するマーケティング』（日経ＢＰ社／共著）、『コンテンツマーケティング～物語型商品の市場法則を探る』（同文舘出版／共著）等。海外翻訳書籍として、『圖解企劃案撰寫入門』（「企画のつくり方入門」台湾版翻訳 商周出版）、『CONTENT MARKETING』（「コンテンツマーケティング」韓国版翻訳TIME OF WHEEL）がある。

担当：１、２、３、４、６章

新井範子（上智大学経済学部教授）

慶応義塾大学大学院社会学研究科博士課程単位取得。淑徳大学国際コミュニケーション学部、専修大学経営学部を経て、2010年より現職。

ITを利用したマーケティング、消費者行動を中心に、現在は、位置情報を利用したマーケティングを研究している。

著書として『みんな力　ウェブを味方にする技術』（東洋経済新報社）、『創発するマーケティング』（日経ＢＰ社／共著）等。

担当：５章

《検印省略》

平成23年9月12日　初版発行　　略称：コンテンツブランド

コンテンツがブランドを創る
―文化のコミュニケーションが生む可能性―

著　者　©　山川　　悟
　　　　　　新井範子
発行者　　　中島治久

発行所　同文舘出版株式会社

東京都千代田区神田神保町1-41　〒101-0051
電話　営業(03)3294-1801　編集(03)3294-1803
振替　00100-8-42935
http://www.dobunkan.co.jp

Printed in Japan 2011

製版：一企画
印刷：KMS
製本：KMS

ISBN 978-4-495-64451-2